HAZIEL

Gebete für Gesundheit und Heilung

Die 22 Gebete, die wir in diesem Werk vorstellen, sind von *Haziel* in Zusammenarbeit mit der bekannten andalusischen Mystikerin *Anna Alba* verfaßt und herausgegeben worden.

HAZIEL

*in Zusammenarbeit
mit Anna Alba*

Gebete für Gesundheit und Heilung

Verlag Hermann Bauer
Freiburg im Breisgau

Die Deutsche Bibliothek – CIP-Einheitsaufnahme

Ein Titeldatensatz für diese Publikation ist bei
Der Deutschen Bibliothek erhältlich

Hinweis
Obgleich die heilende Kraft des Gebetes in jüngster Zeit auch in medizinischen Kreisen wieder wachsende Anerkennung findet, so sind diese Gebete als ergänzende Maßnahme und zur Unterstützung des Gesundungsprozesses gedacht. Sie stellen keinen Ersatz für ärztliche Betreuung dar! Eine medizinische Abklärung und Behandlung des Leidens ist in jedem Falle ratsam.

Die französische Originalausgabe erschien unter dem Titel
Prières pour la Santé et la Guérison

Aus dem Französischen von
Ute Hillemacher & Susanne Kiliani

4. Auflage 2000
ISBN 3-7626-0500-9

Lektorat: Petra Danner
Einband: Ananda Kurt Pilz/Agentur Holl, Stolberg
Satz: Typomedia Satztechnik GmbH, Ostfildern
Druck und Bindung: Ueberreuter Buchproduktion, Korneuburg
Printed in Austria

Inhalt

Das Gebet

Die Toten erscheinen, um den Lebenden zu sagen: »Betet für uns.«

Über die Funktionsweise der geistigen Welt gibt es sehr viel esoterische Literatur. Dennoch besitzen nur wenige Menschen heutzutage klare und präzise Informationen zu diesem Thema. Beweis dafür sind die vielen Briefe, die ich als Reaktion auf meine verschiedenen Werke über Heilung und Gebete erhalte. Ich habe vor kurzem mehrere Briefe von verschiedenen spiritistischen Gruppen bekommen, die sehr erstaunt waren, als in ihren Séancen Nichtinkarnierte erschienen, die auf die Frage *»Was können wir für euch tun?«* mit *»Wir wollen, daß ihr für uns betet«*, antworteten. Das Gebet scheint für sie etwas Besonderes zu sein, wie Nektar und Ambrosia für Verstorbene – ein Festmahl. Der Leser wird sich sicherlich fragen: *»Warum bitten sie darum?«* bzw. *»Wie können wir tatsächlich mit einem Gebet einem Toten helfen?«*

In einer Zeit, in der selbst die Kirche den weltlichen Taten mehr Bedeutung als dem Gebet zugesteht, melden sich Stimmen aus dem Jenseits, die uns um Dinge bitten, die wir in unserer Welt als fast nutzlos ansehen. Daraus ergibt sich die Frage: *»Hat denn das Gebet irgendeinen Sinn?«*

Diejenigen, die im Jenseits leben, erhalten zu wenig Gebete und sind deshalb gezwungen, bei spiritistischen Sitzungen zu erscheinen und darum zu bitten, daß wir für sie beten.

Der Betende spürt als erstes, daß er von seinen Alltagssorgen befreit wird. Es fällt uns schwer, uns von dem, was uns umgibt, loszulösen, uns von allen Dingen ohne eigentliche Bedeutung zu befreien, die unseren Alltag ausmachen und verhindern, daß wir unsere Gedanken auf eine *reine Ebene,* (jenseits materieller Schwierigkeiten) gen *Himmel* ausrichten. Lärm, Fernsehen, Werbung, verschiedene Veranstaltungen und oberflächliche Gespräche innerhalb der Familie sind wie Mauern, die verhindern, daß wir uns zum Abstrakten, zu höheren Werten hinwenden.

Das Gebet gibt uns die besondere Möglichkeit, aus dem belastenden Alltag zu fliehen. Für viele Menschen, für wirklich sehr viele Menschen, stellt das Gebet die einzige Möglichkeit dar, Zugang zu einer Welt zu finden, die sie eigentlich nicht verstehen, an die sie aber glauben.

Selbst wenn das Gebet nur eine Flucht darstellte, wäre dies für den modernen Menschen von heute außerordentlich nützlich. Aber wirklich außergewöhnlich und erstaunlich ist die Tatsache, daß das Gebet in der sogenannten *anderen Welt* und besonders auf der *Ebene*, die uns unmittelbar umgibt (auf dem geistigen Pfad) und die man unter dem Namen *Astral* kennt, Wirkung hat. Auf dieser *Astralebene* nehmen die Wünsche Form an; es handelt sich hier um einen riesigen *Kontinent* voller Leben – einem Leben, das immer bereit ist, unsere Wünsche zu verwirklichen.

Nachdem die Nichtinkarnierten eine Art großen Tunnel, der zum Licht führt, durchquert haben, leben sie in der *Astralwelt*. Dort verbringen sie ein Drittel der Zeit, die sie auf der Erde waren. Wenn wir in dieser Astralwelt ein Wesen kennen, das wir lieben, und wenn wir für sie bzw. ihn inbrünstig bitten: »*Wie glücklich wäre ich, wenn diejenige oder derjenige in Frieden lebt und glücklich ist!«*, dann wird dieser Wunsch sofort von einem Astralwesen verwirklicht. Das bedeutet: Die Wunschform durchquert den Raum bis hin zu der Person, die den Wunsch inspiriert hat und die das magnetische, ihn anziehende Feld bildet, und dringt wie ein Pfeil in sie ein. Daraufhin empfindet die Person, die diesen Wunsch empfängt, ein großes Glücksgefühl, allerdings nur solange, wie die Energie, die in dieser Wunschform enthalten ist, aktiviert ist. Wenn wir von unserer materiellen Welt aus unsere Wünsche nach Wohlbefinden und Glück, Licht und Liebe wiederholen, dann wird derjenige, der im Jenseits lebt, ständig mit Zuneigung, die für ihn *das Leben an sich* bedeutet, überschüttet und von dieser sanften Energie, die wir ihm zuführen, belebt. Deshalb bitten die Nichtinkarnierten um Gebete. Das Gebet ist vor allem der Überbringer eines Gedankens, des Wohlbefindens und der reinen Freude – des Glücks.

Das Gebet wirkt jedoch nicht nur bei der Person, für die es bestimmt ist. Das Gebet ist echte *Weiße Magie*, wenn es uneigennützig ist, und wir nicht versuchen, damit ein konkretes persönliches Ziel zu erreichen, sondern es *zur freien Verfügung* in den Kosmos schicken, oder besser gesagt, wenn wir beten, um *allen* Leidenden Unterstützung, Erleichterung und Gesundheit zukommen zu lassen. Diese Art des Gebets erschafft in der Astralwelt das, was man in der Esoterik eine *Künstliche Wesenheit* nennt. Also eine lebende Form, die weder einer verstorbenen Person noch irgendeinem Wesen, das normalerweise in der Astralwelt (wie z.B. die Engel) lebt, entspricht. Es handelt sich hier um ein durch das Gebet künstlich geschaffenes Leben, das nur zu einem einzigen Ziel belebt wird: zu lindern, zu heilen, nützlich zu sein und uns die Dienste zu erweisen, um die wir es bitten.

All diejenigen, die hier auf der Erde mit dem erhabenen, großmütigen und uneigennützigen Ziel beten, allen Leidenden zu helfen, werden erkennen, wie ihre Wünsche in diese spirituelle Wesenheit, die einige Eingeweihte *Egregore* nennen, integriert werden. Auf diese Weise erhält das *Egregore* eine große Kraft. Wie benutzt es diese Kraft? Es verwirklicht damit das Ziel, das von den Betenden, die das Egregore erschaffen, bestimmt wird: den physischen und seelischen Schmerz der Leidenden zu lindern.

Auf der Erde spielen all diejenigen, die sich

selbst oder andere heilen möchten, eine wichtige Rolle. Welche? Sie nehmen die in einem *Egregore* enthaltenen Energien auf, um sie an die Kranken weiterzuleiten. An jeden dieser *»Großen Egregore«* oder speziell für die Heilung zuständigen Engel wenden wir uns in diesem Buch, damit sie uns die notwendige Bioenergie zum Heilen gewähren.

Jede Krankheit ist letztlich nichts anderes als eine Störung der elektrischen Ströme, die die Atome unseres Körpers beeinflussen, so wie wir es in dem Kapitel auf S. 31 erklären. Wenn die Schwingungsintensität in einem bestimmten Organ zurückgeht, verändert sich dieses. Dadurch haben Mikroorganismen die Möglichkeit, das Organ zu überfluten, um sich auf diesem *neuen Boden* niederzulassen und ihre Erfahrungen zu machen. Wenn die Schwingungsintensität wiederhergestellt ist, fehlt den Mikroben – und selbst den Viren – der geeignete Nährboden. Sie zerfallen.

Derjenige, der den Willen hat zu heilen, gibt die aus der Astralebene von einem Egregore oder einem Großen Egregore-Engel aufgenommene Energie weiter und kann Heilungen erzielen, die er auf herkömmliche Weise wohl nicht hätte erreichen können. In der Tat dienen die Gebete vieler Menschen der Heilung von einigen wenigen Menschen. Dies geschieht durch den *Willen* derjenigen, die sich selbst oder andere heilen wollen – ähnlich dem in der *Lotterie* angewandten Verteilersystem, bei welchem jede Woche einzelne durch den Wetteinsatz mehrerer Millionen Spieler zu Milliardären werden.

Die Bedeutung des Glaubens

Bei dieser Art der Heilung machen wir keinen Unterschied zwischen einer Erkältung und Krebs oder Zahnschmerzen und Aids, denn *jeder Schmerz, jede Krankheit und jedes Elend* ist letztlich auf eine Störung auf der Schwingungsebene zurückzuführen. Die Tatsache, daß die *spirituelle* Heilung sich häufig auf Extremfälle bezieht, die oft als unheilbar gelten, rührt daher, daß die Menschen sich meist erst dann der spirituellen Heilung zuwenden, *nachdem* sie die Schulmedizin zu Rate gezogen haben. Wenn man verzweifelt ist, wendet man sich an das einzige noch mögliche Mittel: *das Wunder.*

Der Patient muß nicht unbedingt gläubig sein, um durch das geistige Gebet, dessen

Mechanismus wir zuvor beschrieben haben, geheilt zu werden. Trotzdem kann eine mißtrauische Einstellung bewirken, daß der Kranke den Weg, der zu der angebotenen *spirituellen Heilung* führt, nicht findet. Der Glaube ist nichts anderes als das *Vertrauen*, die kosmischen Energien empfangen zu können. Wenn wir dieses Vertrauen nicht haben, können wir auch die Möglichkeit einer solchen Heilung nicht akzeptieren.

Die spirituelle Heilung hat jedoch ihre Grenzen: Sie liegen im Schicksal der betreffenden Person. Wenn die Krankheit *karmischer* Natur ist, wenn sie durch die völlige Unfähigkeit, gewisse Gegebenheiten nur auf eine bestimmte Art und Weise und nicht anders zu verstehen, verursacht wurde, dann wird die Heilung nur sehr langsam voranschreiten, auch wenn eine Linderung sofort eintreten sollte. Doch schon die Tatsache an sich, daß der Kranke den Arzt, den Heiler und das Gebetbuch zur spirituellen Heilung (mit dem er nun durch sein Vertrauen, das er mit seinem Kauf bewiesen hat, verbunden ist) *findet*, ist ein *Zeichen* dafür, daß er auf dem rechten Weg ist. Er kann von den wohltuenden Energien profitieren, die in einem Egregore oder einem Großen Egregore-Engel, der für die Verteilung der spirituellen Lebensenergie zuständig ist, konzentriert sind.

Wunderheilungen durch Marienerscheinungen

Es gibt noch eine andere Heilungsmöglichkeit, die die Wissenschaft ebenfalls nicht erklären kann: die Heilungen, die dank eines Wunders durch Marienerscheinungen, wie z.B. von Lourdes, von Fatima, von Medjugorje, von der »Rue du Bach« oder durch eine andere Jungfrau, die man in unterschiedlichen Ländern mit Hingabe anbetet, erzielt werden. Diese Madonnen sind keine heiligen Frauen, die auf der Erde tatsächlich existiert haben, denn die Heilige Schrift berichtet uns nur von der einzigen Jungfrau Maria, der Mutter Jesu. Es handelt sich hier um künstliche Wesenheiten: den *Egregoren*, die durch die Gebete der Gläubigen erschaffen wurden.

Das bedeutet: Eine Gruppe von Menschen verspürt eines Tages den dringlichen Wunsch, ein heiliges Bild – dem man einen bestimmten Namen gibt, um es von anderen bereits existierenden Bildern zu unterscheiden – zu verehren. Sie beginnen, es zu preisen und anzubeten. Daraufhin nimmt diese Wesenheit auf astraler Ebene Form an und wird zu einem erhabenen und *lebendigen* Bildnis, das mit einer mächtigen Anziehungskraft alle Gebete, die wir an es richten, auf sich lenkt und diese verinnerlicht. Da alles, was von der Erde kommt, auch wieder zur Erde zurückkehrt, müssen alle brennenden und reinen Wünsche, die das (lebendige) Bildnis ansammelt, eines Tages an denjenigen weitergegeben werden, der das Bildnis um eine Gabe, einen Gefallen oder um Heilung gebeten hat.

Diese »Marienerscheinungen« sind astrale Wesenheiten, die *tatsächlich* existieren. Sie können von Hellsichtigen wahrgenommen und betrachtet werden. Das erklärt die zahlreichen »Marienerscheinungen«, die von vielen Personen überall in Europa und Amerika gesehen wurden.

Die Bruderschaft der Meister

Jetzt kommen wir zum Beweis der ungeheueren Bedeutung des Gebets für das rechte Funktionieren unserer Welt. Wir haben bisher über Gebete von einfachen, schlichten

Leuten gesprochen, die aufgrund ihres Glaubens beten. Aber es gibt noch eine andere Art zu beten. Wir können es »wissenschaftliches« Gebet nennen, denn derjenige, der es praktiziert, kennt den genauen Mechanismus des Gebets und weiß, was er damit bewirken kann. Das vorliegende Werk verbindet diese beiden Gebetsformen: das zielgerichtete Gebet und das gläubige Gebet.

Alle Gebete, Meditationen und anderen spirituellen Möglichkeiten, sich mit dem Göttlichen zu verbinden, die auf der Welt ausgeübt werden, bündeln und vereinen sich zu einer bestimmten Tageszeit. Sie werden dann in ein *Universalgebet* umgewandelt und durch die *Bruderschaft der Meister* zur Astralwelt geleitet. So verfügt die Bruderschaft über sehr mächtige energetische Ströme, die dazu bestimmt sind, auf astraler Ebene mit Hilfe und Unterstützung der Engel Schlechtes in Gutes zu verwandeln.

Ebenso wie ein positiver und wohlwollender Wunsch sofort ein gutes Egregore auf der Astralebene erschafft, erzeugen ein negativer Wunsch oder niedere, egoistische und triebhafte Gefühle ein Egregore, das anstößige oder hinterhältige Absichten verfolgt. Jeden Tag entbricht in der astralen Welt ein erbarmungsloser Kampf zwischen den Egregoren, die der *Bruderschaft der Meister* dienen, und jenen lüsternen Egregoren, die unter dem Deckmantel heiliger Namen – vor allem in der westlichen Welt – immer mehr von den äußerst wichtigen Energien abfangen.

Für diesen Kampf, der im Augenblick nahezu verloren scheint, braucht die *Bruderschaft der Meister* Gebete. Ich habe an dieser Stelle die Ehre, jenes Gebet vorzustellen, das auch von Menschen empfohlen wird, die zwar nicht der *Bruderschaft der Meister* angehören, sich aber deren Bemühungen anschließen wollen. Es ist zur Heilung einer kranken Person bestimmt:

Barmherziger Gott, mein Schöpfer und Schöpfer allen Lebens,
ohne den nichts sein, nichts existieren würde.
Ursprung allen Lebens,
einzige Quelle des Guten
gewähre mir deine Gnade!
Erlaube mir, meinem Bruder (meiner Schwester) zu helfen
(der Vorname der leidenden Person ist an dieser Stelle auszusprechen).
Ich bitte um diese Gnade mit dem

einzigen Ziel,
seine (ihre) Schmerzen zu lindern,
ohne Belohnung oder Ruhm dafür zu
erwarten.
Laß mich würdig sein,
das Werkzeug zur Übermittlung
Deines allmächtigen göttlichen Willens
zu sein.
Laß meine Taten
auch Deine unendliche Allmacht und
Deine ewige, unerschöpfliche Liebe
widerspiegeln!
Dein heiliger Name sei gepriesen
zu jeder Zeit und an jedem Ort!
Von allen lebenden, sichtbaren
und unsichtbaren Wesen.

AMEN

Wie wir am besten beten

Das von der *Bruderschaft der Meister* empfohlene Gebet sollte jeden Tag zur selben Zeit gesprochen werden. Über die in diesem Buch vorgestellten Gebete für Gesundheit und Heilung werden auf den Seiten 24 und 25 genauere Angaben gemacht.

Das Gebet sollte so laut, daß wir zumindest unsere eigene Stimme hören können, mit Betonung und mit Ausrufen, fast wie ein Lied, gesprochen werden. Denn nur so erreichen die Schwingungen unserer Stimme, die das gesprochene Wort hervorbringen, die Ebene des *Schöpferischen Fiat*. Wir können mit den erhabenen höheren Kräften nicht in demselben Ton reden, in dem wir ein alltägliches Gespräch führen. Die im stillen gelesenen Gebete erzeugen eine emotionale Kraft mit schwacher Wirkung. Aufgrund der positiven Auswirkungen gewinnt das Gebet heute nach Jahrzehnten der Nichtachtung zunehmend an Bedeutung. Manchen Menschen gelingt es jedoch immer noch nicht zu beten, z.B. den vielen Intellektuellen, die nicht beten, weil sie der Meinung sind, das Gebet hätte *keine Wirkung* (wie sehr sie sich doch täuschen!), und es handle sich um Aberglauben, weil man seine Wirkung nicht messen könne – nach ihren logischen Prinzipien. Und es sind die Toten, die auf die Erde kommen müssen, um den Lebenden zu sagen, *daß man beten muß und daß das Gebet allen nützt! Den Toten wie den Lebenden!* *Haziel*

Über die Anwendung der Gebete

Sowohl die Gebete in diesem Buch als auch die geistigen Kräfte, an die sie gerichtet sind, weisen eine lange Tradition auf.

Mit Hilfe dieser Gebete können wir vor allem die Heilung Kranker, aber auch die Fruchtbarkeit von Paaren, das psychische Gleichgewicht, das emotionale Gleichgewicht, die Erfahrung der wahren Liebe erreichen. Ebenso erfahren wir größere Klarheit in unserem täglichen Leben, denn ein gesunder Körper wird die Dinge des Lebens auch mit einer gesunden Einstellung bewältigen.

Der Mensch ist nicht ganz Geist und nicht ganz Körper, und wenn er krank ist, braucht er das Gebet mehr noch als die Medizin.

Das Gebet soll zuerst still, wenn möglich anschließend laut oder aber mindestens so gelesen werden, daß wir unsere eigene Stimme noch hören können. In beiden Fällen sind wir mit dem allmächtigen göttlichen Wesen, zu dem wir sprechen, verbunden.

Nachdem wir das Gebet gelesen und laut gesprochen haben, müssen wir unsere Bitte präzise, mit einfachen Worten formulieren, so als würden wir zu unserer eigenen Mutter oder zu unserem eigenen Vater sprechen. Zuerst leise in Gedanken, dann laut oder mindestens so, daß wir die eigene Stimme noch hören können. Das Gebet für Gesundheit und Heilung ist damit beendet, kann jedoch zu jeder beliebigen Zeit wiederholt werden.

Wir können für verschiedene Personen und für unterschiedliche Situationen beten und somit auch verschiedene Gebete anwenden. In diesem Fall empfiehlt es sich, zwischen dem Ende eines Gebets und dem Beginn des nächsten Gebets einen Zeitraum von mindestens 20 Minuten vergehen zu lassen. Das gilt auch für ein- und dasselbe Gebet, das wir für verschiedene Personen sprechen möchten.

Wo und wann beten wir?

Zum Beten wählen wir am besten Momente des Alleinseins und der Ruhe aus, sei es zu Hause, im Büro, in der Stille einer Kirche, einer Bibliothek oder in der freien Natur. Eine kranke Person kann auch für sich selbst erfolgreich um Heilung bitten, wenn sie im Bett liegt. Es ist jedoch am besten, im Sitzen zu beten. Die sitzende Haltung versinnbildlicht den Empfang der göttlichen Hilfe.

Der Zeitpunkt: Um mit Sicherheit sagen zu können, wann ein Gebet seine größte Wirksamkeit entfaltet, sollte man wissen, daß die ersten beiden Stunden nach Sonnenaufgang die beste Zeit sind, um die Gnade der Gesundheit oder der Heilung aller seelischen und körperlichen Leiden zu erbitten und sie zu erhalten. Abgesehen von diesem besonderen Zeitpunkt – der Geburt des Tages – eignet sich auch jeder andere Moment, um für uns selbst oder für die Gesundheit und die Heilung unseres Nächsten zu beten.

Wenn wir uns auf Reisen oder in einem öffentlichen Verkehrsmittel befinden, ist es nützlich und hilfreich, das betreffende Gebet langsam und still zu lesen, ebenso wie die Erläuterungen Haziels zum Gebet. Es wird dann sofort ein Mehr an geistiger Energie spürbar werden, und wir werden uns sicher und geborgen fühlen.

Das heilende Fluidum

Dieses heilende Fluidum ist die Lebensenergie, die sich in der gesamten Schöpfung befindet. Es handelt sich um die *Bioenergie*, die auch *Prana* genannt wird.

Diese Bioenergie oder Prana dringt in Menschen und Dinge ein, tritt dann aus ihnen heraus und umhüllt sie, um die natürliche Schutzfunktion des Körpers zu bewahren.

Wenn irgendeine Störung in einem Organ des menschlichen Körpers auftritt, konzentriert sich diese Bioenergie an der angegriffenen kranken Stelle, um den Energiekreislauf wiederherzustellen. Besteht die Störung weiterhin, weil die Ursachen, durch die sie entstanden ist, noch nicht behoben wurden, verliert der Betroffene den Schutz der bioenergetischen Aura, die ihn umgibt. Es können weitere Keime in seinen Körper eindringen, die Krankheit kann sich ausbreiten.

Verschwenden wir also unser bioenergetisches Potential, indem wir es z.B. überstrapazieren, so fehlt uns die Energie im Kampf gegen aggressive Eindringlinge, und wir laufen Gefahr, von unzähligen, mehr oder weniger schädlichen Erregern befallen zu werden.

Krankheit ist keine uns auferlegte Strafe oder Prüfung, sondern ganz einfach das Ergebnis einer bestimmten Handlung, bei der wir möglicherweise durch unseren freien Willen fehlgeleitet wurden. Krankheit kann die Folge von übermäßigem Essen und Trinken, triebhafter Sexualität oder übertriebenen Wünschen sein. Das Gesetz von Ursache und Wirkung bzw. Karma ist fast immer die Ursache von Leid. Doch kann Karma durch unser jetziges Handeln aufgehoben werden: durch ein andächtiges Gebet oder ganz einfach durch das feste und unwiderrufliche Versprechen, von jetzt an ausschließlich in Güte und Freundlichkeit zu handeln.

Wenn unser Bewußtsein die Ursache unserer Schmerzen erst einmal erkannt hat, werden diese sehr schnell gelindert und hören dann für immer auf. Wir sollten außerdem jeder leidenden Person helfen und sie unterstützen, sei es durch unsere guten Wünsche oder durch unsere Gebete. Doch dürfen wir niemals in ihren Bewußtwerdungsprozeß eingreifen, d.h. sie belehren wollen. Es ist unter denjenigen, die anfangen, sich mit Esoterik und Psychologie zu beschäftigen, weit verbreitet, nach Ursachen für das Unglück, das anderen zustößt, zu suchen, um sie selbst zu vermeiden. Wir können jedoch aus allen schmerzlichen Erfahrungen etwas Positives lernen. Dadurch gelangen wir langsam zu der Erkenntnis, daß *die kosmische Kraft* (die Bioenergie) immer zu unserer Verfügung steht und daß wir sie ganz einfach auf unser Bitten hin im Gebet erhalten, um Krankheit, Furcht, Angst, Unglück und Schwierigkeiten zu vertreiben. Dazu sprechen wir mit offenem Herzen folgendes Bekenntnis:

»Ich bereue meine Fehler, die ich bewußt oder unbewußt begangen habe. Angesichts meines Selbst, meines alleinigen inneren Meisters und angesichts meiner Schutzengel bedaure ich, falsch gehandelt zu haben (absichtlich oder unabsichtlich), und ich verspreche, von nun an nur noch in Güte zu handeln.«

Die Bioenergie oder kosmische Kraft ist unerschöpflich

Die Materie ist nichts anderes als konzentrierte Energie; auch wir bestehen aus Energie. Energie ist die Manifestation der universellen kosmischen Kraft, die der göttlichen allwissenden Quelle entstammt, welche sich auch in unserem eigenen Inneren befindet. Unsere Handlungen sind die Manifestationen dieser Energie. Es steht dem Menschen frei, diese Energie positiv oder negativ zu benutzen. Es ist jedoch ratsam, zwischen Gut und Böse immer das Gute zu wählen: Es ist die Quelle der Gesundheit.

Die Technik der spirituellen Heilung

Die Heilung von Kranken ist eine wichtige Aufgabe. Es geht hierbei nicht nur um ein Werk der Nächstenliebe oder um eine gute Tat, sondern um eine absolute Notwendigkeit, da die Krankheit den natürlichen Rhythmus eines jeden von uns stört und verhindert, daß wir unserer Aufgabe als Mensch, uns zum Guten zu entwickeln, nachkommen können. Dies wirkt sich auf unsere Umwelt, unsere Familie, die Gesellschaft, Tiere, Pflanzen, Mineralien und schließlich auf das gesamte Universum aus.

Leben in Harmonie mit den Naturgesetzen

Wenn der Mensch in Harmonie mit den Naturgesetzen lebt, fließt diese Harmonie über und wird sichtbar in einer gesunden Umwelt. Die alten Griechen haben diesen Zusammenhang sehr gut erkannt. Ihre Mythologie besagt, daß durch die Korruption der Bürger von Theben ein Tyrann an die Macht kam, woraufhin Hungersnöte und die Pest ausbrachen, und in ihren Köpfen entstand so die Vorstellung eines schrecklichen Ungeheuers, das die Menschen auffrißt.

Wille und Vorstellung: zwei wichtige Heilmittel

Wir alle besitzen zwei Dinge: einen *Willen*, etwas tun zu wollen – zu wollen, daß die Kraft, die in uns zu Energie geworden ist, sich als Handlung manifestiert. Wille bedeutet auch, daß unsere Wünsche und unsere Gedanken einige Minuten jeden Tag dazu verwendet werden, menschliches Leid zu lindern. *Vorstellung* bedeutet, dem Willen, dem Wunsch und dem Gedanken Flügel zu verleihen. Alle Krankheiten haben letztlich dieselbe Ursache (so wie schon beschrieben): wenn die Schwingungsintensität der Atome, aus denen die Organismen unseres Körpers bestehen, aus unterschiedlichen Gründen abnimmt. Dies entspricht einem Verlust des inneren Lichtes, d.h. einer Abnahme des *bioenergetischen Potentials,* das die Türen für unzählige Mikroorganismen (Krankheitskeime, Bakterien, Viren etc.) öffnet. Diese Mikroorganismen werden vertrieben, wenn die Atome des Körpers wieder ihre normale Schwingungsfrequenz zurückgewinnen, d.h. wenn die kosmische Kraft in unserem Innern wieder fließt. Diese bioenergetische Kraft wird uns durch den Gedanken und den Wunsch, d.h. durch den Willen mit Hilfe der Vorstellung, zur Verfügung gestellt. Wir können mit Liebe und Ausdauer beten und erhalten dadurch diese Kraft im Überfluß. Hiermit bestätigen wir erneut, daß jede Krankheit, so schlimm sie auch sein mag, geheilt werden *kann,* auch wenn nicht alle geheilt werden.

Die Welt der Vorstellung ist die *Astralwelt,*

die unser Bruder Max Heindel die *Region der Wünsche*, die Kabbalisten *Welt der Schöpfungen* nennen. Dies ist die Welt der Bilder, und somit bedeutet, sich etwas vorstellen, dasselbe, wie etwas erschaffen. Wir können nur das erschaffen, was wir uns auch bildlich vorstellen können. Wenn wir reich an inneren Bildern sind, wird es auch unser Leben sein; wenn jedoch unser Vorstellungsvermögen träge ist, wird auch unser Leben im Strom der Langeweile vor sich hinplätschern. Eine schöpferische Vorstellungskraft ermöglicht uns, nicht nur unsere persönlichen Probleme zu lösen, sondern ebenso die Probleme der Gesellschaft, da unser Wunschkörper (unser Emotionalkörper) mit denen jener Menschen kommuniziert, die sich auf derselben *Wellenlänge* befinden wie wir. *Somit gibt es für die Probleme der Welt eine perfekte Lösung*. Der Schlüssel dazu ist die bildhafte Vorstellung.

Die göttliche Allmacht

Die Bibel erzählt uns oft von der göttlichen Allmacht. Gott selbst sagt klar: *Ich bin der allmächtige Gott*. Wenn wir diesen Ausdruck häufig lesen oder hören, wirkt er banal, und wir können seine Tragweite und seine Bedeutung nicht mehr einschätzen. Wir sollten ihn von neuem hören und neu bedenken, denn dieser *allmächtige Gott* befindet sich *in uns*. Er ist der *göttliche Funke*, den wir in uns tragen; dieser allmächtige Gott ist ein Teil unserer selbst. Er ist der ewige, erhabene Teil, der uns das Leben gibt. Und in diesem erhabenen Teil, in unserem eigenen Inneren, in dem sich alle Kräfte befinden, ist auch die Kraft, die Berge versetzt (d.h., die alle unsere Schwierigkeiten ohne Ausnahme löst!); eine Kraft, die zu einer unerschöpflichen Quelle der Gesundheit für andere und für uns selbst werden kann. Diese allmächtige Kraft, die in uns ist, heilt jedes Leid, jede Krankheit und läßt jede Schwierigkeit wie Schnee in der Sonne schmelzen. Und unser Leben wird voller Glück und Frieden, Gesundheit und Lebensfreude sein! Es genügt, unseren Blick auf Höheres, auf unseren erhabenen Teil zu richten, um uns mit dem strahlenden Licht der Himmelswelt zu vereinigen. Dies erreichen wir durch das Gebet, das an Gott und an seine himmlischen Boten, die Heiligen Engel, gerichtet ist.

Das Gebet ist auch bei Zweifeln wirksam

Trotz unseres Glaubens an Gott – den kosmischen Gott und unseren inneren Gott, den göttlichen Funken in uns –, sind wir nicht sicher, daß er bei allem, um was wir ihn bitten, auch helfen kann. Unser Wesen war bis zu diesem Zeitpunkt so schwach, so weit von Gott und seinen Engeln entfernt! Unser Vorstellungsvermögen war nicht fähig, etwas so Wertvolles wahrzunehmen! Wie sollten wir also plötzlich wieder von Leben erfüllt werden? Wie könnten wir sofort von Krankheit und Unglück befreit werden? Wir oder unsere Nächsten, für die wir beten? Wird sich durch das Eingreifen der Engel Gottes unser Leben wirklich verändern? Wir gehen durch das Leben unter dem Druck und der Qual unserer Leiden und unserer Probleme, mit schweren Beinen und mit nachlassendem Seh- und Hörvermögen. Wie können die Himmelsmächte all dies in Ordnung bringen? Wenn wir also trotz unserer Zweifel *beten*, können wir diesen Zustand überwinden, und *das Leben* wird mit seiner allmächtigen, verwandelnden Kraft in uns oder in die Person, für die wir beten, strömen.

Spirituelle Menschen haben außergewöhnliche Fähigkeiten und können daher leichter aus der Quelle der Bioenergie schöpfen. Sie können dort, wo sie gerade sind, Ruhe ausströmen und ein Gefühl des Wohlbefindens vermitteln und auf diese Weise beginnen, die Gesundheit der Kranken, bei denen sie sind, wieder herzustellen. Ihre starke Schwingung – ihr inneres Licht – breitet sich wie eine Welle der Wärme aus und durchdringt die unmittelbare Umgebung.

Die *Aura* eines Menschen nimmt die durch das Gebet entstandene elektromagnetische Kraft auf, kann schädliche Keime zerstören und gleichzeitig die Verbindung des Kranken zu der Gesundheit bringenden Quelle des Lebens wieder herstellen. Gott und seine Engel (Schutzengel, Schöpferengel) wünschen sich, daß unsere positiven Erfahrungen und die Entwicklung unserer Fähigkeiten zunehmen, damit das Werk Gottes unaufhörlich wächst. Das Subtile wird immer das Schwerfällige dominieren, behaupten die Alchemisten. Der menschliche Wille kann das schnelle und unmittelbare Eingreifen der erhabenen Kräfte bewirken, so wie ich es in *Les Anges plané-*

taires (Die planetarischen Engel) und in *Le Grand Livre de Cabala Magique* (Das Große Buch der Magischen Kabbala) erkläre, um jegliches Leid und jeglichen Kummer zu beenden. Der *göttliche Wille* ist immer bereit zu vermitteln, er kann jedoch dem *freien Willen*, den er dem Menschen gewährt hat, weder etwas aufzwingen noch ihm widersprechen. Damit sich das Wunder der spirituellen Heilung vollziehen kann, *muß* eine Verbindung dieser beiden Willenskräfte stattfinden: des göttlichen Willens und des menschlichen Willens. Der Wille des Heilers, des Arztes oder des betenden Freundes muß am *Wunder der spirituellen Heilung* mitwirken – denn dadurch kann sich die unsichtbare göttliche Kraft der Heiligen Engel in der materiellen Welt greifbar manifestieren. Wie die Alchemisten betonen, muß man, um Gold herstellen zu können, bereits vorher etwas davon besitzen, auch wenn es nur eine kleine Menge ist. Das gleiche gilt auch für das *bioenergetische* Fluidum: Wir brauchen ein bißchen von der Energie (für die Handlung verwendete Kraft) derjenigen Person, die andere oder sich selbst heilen will, damit *viel Energie* fließen und die Gesundheit wieder hergestellt werden kann. Der menschliche Wille ist ein bedeutender Faktor.

Ist der Kranke, der Verängstigte, der Besorgte, der Unglückliche, wer Schmerzen hat und leidet, für seinen Zustand verantwortlich? Sicherlich, denn Gott, unser Schöpfer, hat diesen Zustand bestimmt nicht so beabsichtigt, sondern eher das Gegenteil! Was können wir also tun, um unsere Gesundheit und unsere Lebensfreude wieder herzustellen?

Hier ist die Lösung: »*Bittet, dann wird euch gegeben; sucht, dann werdet ihr finden; klopft an, dann wird euch aufgetan*«, hat Jesus Christus gesagt (Lukas 11,9).

Oder ebenso: »*Oder ist einer unter euch, der seinem Sohn einen Stein gibt, wenn er um Brot bittet, oder eine Schlange, wenn er um einen Fisch bittet? Wenn nun schon ihr, die ihr böse seid, euren Kindern gebt, was gut ist, wieviel mehr wird euer Vater im Himmel denen Gutes geben, die ihn bitten*«, sprach Jesus (Matthäus 7,9-11).

Der Heilungskanal

Wir lesen im Evangelium (Markus Kap. 3) über die Heilung eines Mannes, dessen Hand gelähmt war, der jedoch nicht um Heilung gebeten hatte. Ebenso spannend ist die Stelle, an der ein Gelähmter durch den Glauben und die Hartnäckigkeit anderer geheilt wird. *»Da brachte man einen Gelähmten zu ihm; er wurde von vier Männern getragen. Weil sie ihn aber wegen der vielen Leute nicht bis zu Jesus bringen konnten, deckten sie dort, wo Jesus war, das Dach ab (...) und ließen den Gelähmten auf seiner Tragbahre durch die Öffnung hinab. (...) Ich sage dir: Steh auf, nimm deine Tragbahre und geh nach Hause!«* (Markus 2 und Matthäus 9). Es wird somit deutlich, daß der Glaube der Mitmenschen eine große Rolle bei der Heilung spielen kann. Darum geht es auch bei der Heilung des Dieners von Zenturio, dem Feldherrn der Römischen Armee. Dieser Zenturio bittet Jesus darum, seinen Diener durch Fernbehandlung zu heilen, ohne daß der besagte Diener etwas davon weiß. Dieser wird ebenso durch den Glauben seines Feldherrn geheilt. Nach dieser Begebenheit mit Zenturio geht Jesus zu Petrus, dessen Schwiegermutter allein durch die Gegenwart des großen Heilers, Gottes Sohn, Jesus Christus, des Vertreters der Sefiroth Chockmah geheilt wird, so wie es in meinen verschiedenen Werken erklärt wird.

Wir alle sind fähig, Energien zu übertragen, wenn unser Wille bereit ist, die in den Lebenszentren konzentrierten Energien aufzunehmen, um sie auf kranke Körper zu projizieren. Die Heilungsfähigkeit entwickelt sich dann zunehmends durch die Praxis (wie alles in dieser Welt). *Der Wunsch zu heilen, der Wille* zu heilen* stellt den Nährboden für künftige Heilungen dar.

Durch diesen *Willen bzw. Wunsch* zu heilen, können wir unsere eigene Gesundheit wiederherstellen, und er räumt uns vor allem die Möglichkeit ein, Kanal zur Heilung anderer zu sein.

Einige Ratschläge zur Ernährung

Es ist ratsam, vorzugsweise Früchte und Gemüse aus biologischem Anbau sowie Vollkorngetreide und Vollkornbrot zu essen. Ebenso sollten wir grüne Salate, unterschiedliche Rohkost, entweder geraspelt oder als Saft, vor den Mahlzeiten zu uns nehmen, vor-

* Wunsch und Wille sind in der griechischen Sprache (der Sprache des Neuen Testaments) dasselbe Wort: *he thélesis* = Wunsch, Wille.

zugsweise kaltgepreßtes Olivenöl und Zitrone anstelle von Essig und nicht raffiniertes Meersalz verwenden. Wir sollten Fleisch nur in kleinen Mengen, falls wir nicht ganz darauf verzichten können, und nur ab und zu Fisch sowie Eier, Milchprodukte und Käse zu uns nehmen. Empfehlenswert sind Vollkornnudeln, Vollkornreis sowie getrocknete Früchte: Mandeln, Nüsse, Haselnüsse, getrocknete Pflaumen, Feigen, Pinienkerne, Rosinen und vor allem naturbelassene Datteln.

Frisches Obst sollte in unserer täglichen Ernährung ebenfalls einen wichtigen Platz einnehmen.

Nehmen Sie Honig oder unraffinierten braunen Zucker, der den weißen Zucker, der schädlich für unsere Zähne ist, zu unserem Wohl ersetzt, für Ihren Kräutertee. Bereiten Sie diesen immer mit Quellwasser zu, und trinken Sie ihn zu den Mahlzeiten.

Meiden Sie Tabak und Alkohol. Nehmen Sie Kaffee, Tee, Apfelwein und Bier sowie Fleisch- und Wurstwaren nur in Maßen zu sich, und versuchen Sie, dann nach und nach damit aufzuhören.

Wichtig ist es, langsam zu essen. Kauen Sie die Nahrung gut durch, und reichern Sie sie mit Speichel an, und trinken Sie langsam. Ich schlage vor, eisgekühlte Nahrung oder Getränke zu meiden, da sie unseren Zähnen und unserer Verdauung schaden. Ihr Magen und Ihre Leber werden es Ihnen danken!

Die Sonne ist das wichtigste Heilmittel auf der Welt. Es ist sehr nützlich, sich ihr in den frühen Morgenstunden auszusetzen. Schützen Sie sich jedoch während der heißen Tageszeit vor ihr. Man faßt einen Topf nicht an, wenn er heiß ist.

Gebete zur Heilung

Diese Gebete haben stets erstaunliche, fühlbare und sichtbare Resultate erzielt.

I

ZUR HEILUNG *aller Krankheiten, die das Gehirn und die Gehirntätigkeit sowie die Ohren und Schädelknochen betreffen*

Wir wenden uns mit dem folgenden Gebet an VEHUIAH, einen *Seraphim*:

> Engel VEHUIAH, ewiges kosmisches
> Feuer!
> Göttlicher Funken, aus dem Vater
> hervorgegangen,
> der ewig brennt und die Gedanken
> der Menschen entfacht!
> Laß deine Kraft, o VEHUIAH, in mein
> Innerstes strömen,
> um mein Blut zu beleben!

Engel VEHUIAH, Krone der Schöpfung,
zuerst erzeugtes Licht,
das den ursprünglichen Samen göttlichen
Wachstums erhellt.

Du bist schöpferische Flut,
göttliche Weisheit,
und ich bitte dich um die Gnade,
mich mit all meinen Gliedern
am göttlichen Werk teilnehmen zu lassen.
Laß meinen Geist die Energie ausströmen,
die meiner Hände Taten lenken wird,
die auch bewirkt, daß ich umsichtig handle;
laß mein Herz Werkzeug des göttlichen
Willens sein
und seinen Rhythmus,
den Rhythmus des Universums wiedergeben.
O VEHUIAH, beseitige in meinem Inneren
die Mißklänge,
die durch meine Zügellosigkeit
entstanden sind.
Herr,
mein Geist, Sklave meines
leidenschaftlichen Temperaments,
reist auf dem fehlgeleiteten Karren meines
heftigen Ungestüms.
Ich habe die Energie deiner schöpferischen
Kraft umgewandelt,
in zerstörerischer Aufwallung meiner selbst.
Ich möchte, daß alle meine Wünsche sofort
Wirklichkeit werden,
aber ich zerstöre alles mit meiner
unbändigen Leidenschaft.

Und in diesem heftigen Kampf
verliere ich mein spirituelles Erbe, das der
Ewige Vater durch dich an mich übermittelt.
Die schöpferische Macht deiner Kraft,
durch mich und in mir
zu bleierner Last umgewandelt,
die meinen Geist und meine Gedanken mit
dem Schleier der Narrheit bedeckt.
O Herr! Ein starker Schmerz
brennt in meiner Seele.
Mein Herz schlägt in meiner Brust
mit starker und nachdrücklicher Heftigkeit,
auf der Suche nach schneller Befreiung
aus den dunklen Gefängnissen, in die ich
durch die in mir ausbrechenden Flammen
verdammt bin.
Doch nun scheint dein Licht in all meinen
Gedanken!
Ich suche dich sehnlichst, Herr,
denn ich weiß, daß ich meine Freiheit nur
in den milden Begrenzungen deines
göttlichen Wesens finden kann.
Ich brauchte so sehr Ruhe und Einkehr
des Friedens
in meinem Zustand der Besorgnis,
der Unruhe und der Verwirrung,
doch ich treffe nur auf ungestüme Kräfte
und verheerende Stürme,

die mich quälen,
die meinen Geist beeinträchtigen und die
mich in die Tiefe meines Eigensinns
und meines Starrsinns herabziehen.
Ich fühle, wie die zügellosen Rösser,
die in entgegengesetzte Richtungen laufen,
die zu gegensätzlichen Zielen führen
auf dem Pfade meines Daseins,
mein Inneres zerreißen.
Ich bin die schwankende und haltlose
Marionette meines Ego,
durch mein eigenes Verfehlen
von deinem universellen Licht getrennt.
Ich selbst bin die Kraft,
das Ungestüm und Toben.
Ich selbst zerrütte und zerbreche
meine innere Welt, um mich letztlich
zu fragen:
Bin ich noch immer Ich selbst oder nicht?
Bin ich vielmehr nur der klägliche Ausdruck
meiner begangenen Fehler?
Ich habe mich, VEHUIAH,
auf meinem Wege
an dem spitzesten Stein verletzt:
der Krankheit.
Ewiger! Dieses Hindernis hat meiner Wirrnis
ein Ende gesetzt.
Ich war tief gefallen,

war schwach, unglücklich und verwirrt,
vom Wege abgekommen, und einige,
die mein Wagnis begleiteten,
teilen meine Schmach.
Nach dem Schmerz meines Sturzes
habe ich nun großen Mut, wieder
aufzustehen,
denn du, Herr, leuchtender Stern,
gibst mir mit vollen Händen
den nötigen Mut, um weiterzugehen.
Ich blicke freudig, aber auch überrascht
zu dir auf.
Du bist in meinem Inneren wie ein
Lebensfunken,
Atem, der meine seelische Krankheit heilt.
Mein Körper verfällt zusehends,
durch mein Fehlgerichtetsein verursacht.
Aber ich bin mir wieder der Absicht bewußt,
mit der ich
in die *Arena* des irdischen Daseins
hinabglitt;
und in Zukunft werde ich dieses Ziel mit
Liebe und Mut verfolgen.
Nur Liebe, Mut und Beherztheit,
die du den Deinen einflößt,
werden meine neue geistige Einstellung
lenken;
und auf meinem Wege werde ich mich so
verhalten,

daß all diejenigen, die mir nahe sind,
dein Bildnis in meinem Verhalten erkennen.
VEHUIAH, wichtigster Samen göttlichen Wachstums,
pflanze in meine Gedanken deine Weisheit und dein Wissen;
schaffe Ordnung auf meinen Lebenswegen.
Laß deinen schöpferischen Atem auch mich durchströmen!

AMEN

2

Für eine *normale Schwangerschaft (d.h. eine gut verlaufende Schwangerschaft, da wir eine Schwangerschaft ja nicht als Krankheit betrachten; im Gegenteil: durch die Einflußnahme der Seraphim ist jede Schwangerschaft eine Quelle der Gesundheit)*

Wir wenden uns mit dem folgenden Gebet an Lelahel, einen *Seraphim:*

> Engel Lelahel, Wesenheit, die das
> Dasein fruchtbar macht!
> Herr! Beschützer der Natur!
> Der Himmelsvater hat durch mich
> deine schöpferische Gnade fließen
> lassen.
> Steh mir bei, O Ewiger,
> während meiner ganzen
> Schwangerschaft.

Engel Lelahel, Kelch unbefleckter Reinheit!
Ich erhebe mein Haupt zu dir,
ich erhebe meinen Blick,

und ich erhebe meine Arme und meine
Hände;
und mein ganzes Sein wird erleuchtet
durch deine wärmende göttliche
Ausstrahlung.
Mein ganzer Körper wird Licht;
Licht, von deinem eigenen Wesen reflektiert.
Alles in mir, alles, ist Leben.
Ein Leben, das von selbst auf wundersame
Weise meinem Inneren entspringt!
Herr, mein Körper ist in diesem Augenblick
wie eine Pflanze,
wie Gräser, wie dieser Baum,
der im Frühling neu ergrünt;
ja, Herr, genauso blühe ich wieder auf ...
Und genauso wie Mutter Natur ihre Früchte
mit unendlicher Liebe beschützt,
genauso, angebeteter Engel LELAHEL,
beschützt mein Körper
mit unerschöpflicher Zärtlichkeit
die Frucht reinsten Gefühls der Liebe,
deiner göttlichen, sanften Umarmung.
Kaum daß ich es wahrnahm,
in angenehmster und sanftester Stille,
ist dieses Kind zu mir gekommen ...
durch mich in mein Inneres.
Und mein ganzes Sein schwingt und singt
mit den Sphären des Universums,

weil das Kind, so ersehnte Seele,
mich auserwählt hat,
seinem erwünschten Schicksal
Gestalt zu verleihen.
Ich habe unsere beiden Körper mit dem
wertvollsten aller Bänder verbunden.
Es hat mich auserwählt … Mutter,
seine Mutter, zu sein!
Und ich liebe es so sehr! Herr!
Ich liebe es so sehr, daß meine Liebe das
Willensfeuer in seinem Inneren ist!
Durch das Kind spüre ich,
wie die Reinheit des Himmels in mich fließt,
in meine Brust,
in meinen Schoß,
sich in mir auflöst, wie ein göttlicher
Gold- und Lichterregen.
Unschuld, neue Erkenntnisse und
neues Leben eröffnen sich,
alles durch mich.
Ich bin seine Schutzrüstung, sein
Schutzschild, seine Waffen …
Ich bin seine Mutter, Mutter Erde.
Ich möchte alles für das Kind,
für diese Seele,
die Gott in meine Hände gelegt und mir
anvertraut hat!
Für all das, Herr LELAHEL, beschütze mich,

schenk mir körperliche und geistige Reinheit,
halte jeglichen Kummer, jegliche Angst,
jegliche Sorge von mir fern, die meiner
Schwangerschaft schaden könnten.
Diese Seele kommt zur Welt, auf der Suche
nach neuen Erfahrungen,
und ich möchte, daß mein Bauch,
eine Rose, vor Liebe brennend,
ihm ein bequemes und weiches Bett ist,
wo es leicht die besten Voraussetzungen
für seine körperliche Entwicklung
findet.
Hilf mir, LELAHEL, mit deiner göttlichen
Gegenwart,
meinem Kind die himmlische Milch
zu geben, die es,
zusammen mit meiner Milch,
durch meine mütterliche Brust mit deinem
Geist sättigt.
Laß meinen Körper der Kelch sein, aus dem
die hohen und erhabenen Energien fließen,
damit es deinen göttlichen Lebensnektar
trinken kann.
Herr! Laß meine Hände der Becher zum
Empfangen deiner Lebenswasser sein,
damit sein kleiner Körper gereinigt wird
in dem klaren Quell deiner Essenz.

Laß die ihn in meinem
Bauch umgebenden Wasser
ein Meer der reinen Liebe sein.
Verlasse nie das Kind; sei immer bei ihm
genau so wie heute, nahe bei ihm.
Laß sein winziges Herz, das in meinem
Inneren schlägt
und dessen sanftes und himmlisches
Klopfen meine Ohren wahrnehmen,
immer im Einklang mit seinem
Geiste schlagen.
Herr! Beschütze mein Kind!
Laß alles in mir, mein ganzes Wesen
ein Loblied sein,
voller Gesang, voller Gebete, die es zu dir
lenken.
Und wenn die Versuchung eines Tages
Hindernisse in seinen Weg legt,
laß die Erinnerung an mich und an dich
sein Inneres erleuchten.
Sollte es je die Richtung verlieren,
laß meine Gebete schon heute
der Kompaß sein, der es in den sicheren
Hafen deiner erhabenen Gegenwart führen
wird.
Herr LELAHEL! Ich bin eine hell erleuchtete
Fackel wärmender Zärtlichkeit;
mein Kind entzündet in mir

die zärtlichste Flamme der Welt:
Liebe.
Herr, ich bitte dich sehnlichst darum,
wenn der Zeitpunkt gekommen ist
und die Bande durchtrennt werden,
die mich heute mit ihm vereinen,
wenn unsere Bande aufgelöst werden,
dann bitte ich dich, Herr,
laß mich zu einem grünen Berg werden,
den es erklimmen kann,
um das Abenteuer seines Lebens
zu verwirklichen.
Laß mich der Wind sein, der ihm hilft
zu fliegen,
der Meister, der es lehren wird,
seine Freiheit zu suchen,
auch wenn seine Suche es weit weg von mir
führen wird.
Herr, laß mich die Tatsache annehmen,
daß ich ihm nichts anderes als
körperlichen Halt geben kann und
daß es mich eines Tages verlassen wird,
um seine eigene spirituelle Reise
zu beginnen.
LELAHEL, der Vater hat mir das Wunder der
Empfängnis gewährt!
Laß meinen Körper
der unberührte Kelch sein,

der den reinsten, den göttlichen Keim des
Menschen sprießen läßt!
Alles in mir preist unseren Gott und seine
Schöpfung!
Und du, Ewiger, Engel, hüte für Ihn
die Frucht meines Leibes
und laß diesen Samen,
der in mir keimt,
der Stolz des Schöpfers sein!

AMEN

3

ZUR HEILUNG *triebhafter Sexualität, Freßsucht und Bulimie*

Wir wenden uns mit dem folgenden Gebet an ALADIAH, einen *Cherubim:*

> Engel ALADIAH, Gott, der immer
> entschuldigt und verzeiht!
> Ewiger, du, der du in alle Geheimnisse
> der menschlichen Natur eindringst,
> dringe, Herr,
> wie eine Lichtflut
> auch in meine Seele
> und auch in meine Wohnstatt ein,
> so daß durch deine Kraft
> die Dunkelheit,
> die mich umgibt und die mich quält,
> aufgelöst wird.

Engel Aladiah, starker Energiestrom, der
sich über die Menschen ergießt,
gib mir deinen Frieden!
Ausströmende Kraft, die den Geist durch-
flutet, um Kummer und Fehler zu vertreiben,
laß meinen Körper in *Harmonie*
mit den Wünschen meines Geistes stehen!
Herr,
du bist in mein Inneres eingetreten,
bevor ich mich an dich wandte;
ohne daß meine Stimme nach dir gerufen
hat, bist du in mein leidendes Herz
eingekehrt.
Nun, Herr, da ich sehe und verstehe,
wie deine Barmherzigkeit mein
ach so geringes Wesen durchdringt,
laß mich nicht in meiner schuldbeladenen
Einsamkeit verharren,
überlasse mich nicht meinem Schicksal,
meinem Schweigen
mit Hunderten von inneren Stimmen,
die mich anklagen,
Hunderte von Fehlern begangen zu haben.
Du hast mir die Kraft gegeben,
spirituell zu handeln,
durch dieses bittere Getränk
der Gewissensbisse,
Bitternis, die ich in einem Zug ausgetrunken
habe.

Dieser tiefe Kummer
läßt mein Blut gefrieren,
stärkt jedoch meine Seele,
schickt mich mit ungeheurer Kraft
auf die Suche nach neuen Zielen,
nach einer neuen Hoffnung!
Ich zögere ... ich zweifle noch,
ich fürchte, ich habe nicht ausreichend Kraft,
um weiterhin die Ziele
zu verfolgen, die ich anstrebe.
Du hast Hoffnung in mir erweckt,
weil du anwesend bist!
Hier, in meinem Inneren,
das vor Liebe überfließt,
zeichnet sich wieder mit Geduld und
Bereitwilligkeit
der Entwurf meines neuen
glücklichen Lebens ab.
Ich suche voll innerer Unruhe
deinen liebevollen Blick;
ich möchte mich an deinem Blick festhalten
und darin versinken,
darin eintauchen, in deine Lichtflut,
in diesen sanften und durchscheinenden
Wasserstrom, der alle meine Sünden und
Fehler auflöst.
Ewiger! Ich gehe auf dich zu,
und mit jedem Schritt

wachsen mein Friede und mein Glück.
Wie undankbar war ich, daß ich deine Rufe
nicht hören wollte,
daß ich deine Anwesenheit nicht
wahrgenommen habe,
daß ich deine schützende Liebe nicht
annehmen wollte.
Ich begreife jetzt,
daß du mir verzeihst.
ALADIAH, da du in mich eingetreten bist,
um mich zu einem *Empfänger deiner
göttlichen Gnade* zu machen,
da du in mich gekehrt bist,
bevor ich dich gerufen habe, und
da du meine Türen und Fenster geöffnet
hast, damit ich neue Horizonte
erblicken konnte,
bleibe hier, in mir,
denn deine schicksalhafte und lehrreiche
Gegenwart
bringt mich näher dem Gesetz und dazu,
es zu befolgen.
Deine Abwesenheit dagegen
würde mich erneut in Unkenntnis stürzen,
die mich zur Überschreitung des Gesetzes
verleitet.
Herr, laß mich deine Gnade in meinem
Dasein spüren und

laß mich
zu den Frauen und Männern gehören,
die, *wie du*, am Fortschreiten
des göttlichen Werkes der Schöpfung
mitwirken.
Laß durch mein Beispiel auch andere,
viele andere,
Frieden und Glück finden,
*ihren eigenen Frieden und ihr eigenes
Glück.*
Laß alle Schiffe, die sich auf den Meeren
der materiellen Selbstsucht verirrt haben,
wieder mit festem und starkem Willen
den richtigen Kurs, die richtige Richtung
hin zu Gott einschlagen,
zum sicheren Hafen des unendlichen
Lichtes!
Ewiger! Fülle meine innere Leere
mit deinem Reichtum.
Mach aus mir einen lebenserfüllten
Menschen!

AMEN

4

ZUR HEILUNG *von Krankheiten oder Mißbildungen der Knochen, von Osteoporose und Knochenbrüchen sowie bei Problemen des Knies und/oder der Kniescheibe und von Kalkmangel im allgemeinen*

Wir wenden uns mit dem folgenden Gebet an LAUVIAH, einen *Thronengel* (Schutzgeist 17):

> Engel LAUVIAH, allwissende Kraft,
> die erleuchtet!
> Fackel göttlichen Lichtes,
> dem Menschen gegeben,
> dem Reisenden,
> verirrt auf dem dunklen Wege der
> Existenz!
> Herr und Meister der Lebenswasser!
> Überschwemme mit deiner Liebe mein
> Inneres!
> Erhöhe, verstärke meine Schwingung so,
> Herr LAUVIAH, daß meine

Augen in meinen täglichen Taten und Gesten
deine Gegenwart sehen können.

Engel LAUVIAH, offenbarender Gott, ich habe einen so langen Weg beschritten,
aber dennoch finde ich
meine Fußspuren nicht mehr,
mein Blick hat sich in der Weite des Horizontes verloren,
in verschiedenen Zielen,
und trotz alledem, Herr,
sehen meine Augen dein Licht noch immer nicht.
Meine Ohren hören, sicherlich,
den Lärm und die Geräusche, aber sie
sind für deine Stimme nicht empfänglich;
meine Sinne, Herr, gefangen
in der materiellen Welt, haben mein Herz
mit Zäunen und Schranken umgeben, damit
ich die unnützen Laster und die flüchtigen,
eitlen Gefühle nicht erkenne;
und am Ende dieses falschen Weges
ist es nur der Schmerz, den mein kranker Körper verspürt,
der meine Sinne und meine Seele frei macht
... damit ich endlich,
von mir selbst befreit,

deinen Heiligen Namen rufen kann.
Herr LAUVIAH! LAUVIAH! LAUVIAH!
Gib mir wieder den Willen zum Leben!
Gib mir wieder die Fähigkeit zu lieben!
Gib mir schließlich wieder die Fähigkeit,
zu meinem inneren Gesetz zurückzukehren!
Wenn ich die Stimme meines Selbst,
meines inneren Gottes, erkenne,
der aus meiner Einsamkeit laut ruft,
wenn ich deine Stimme und meine Stimme
finde, Herr,
dann werde ich meine Fehler bereinigen und
meine Gesundheit zurückerlangen können!
Da ich dich jetzt, in diesem Augenblick,
gefunden habe,
bist du da, in meinem Inneren,
und ich sehe bereits dein Licht ...
Doch, damit dies geschieht,
mußten der Schmerz und die Krankheit
in meinem Körper walten.
Aber nach so langen Leiden,
nach einer so langen Zeit, in der ich nur
zu Boden geblickt habe,
erhebe ich nun meinen Blick gen Himmel
und rufe,
ich rufe deinen heiligen Namen:
Herr LAUVIAH! *Heile mich!*
Heile meine Seele, und sie wird sich zum

Ziel setzen,
mir die neu zu befolgende Ordnung der
Werte zu offenbaren, und
wenn ich mir selbst treu bin, werde ich mich
selbst finden
und geheilt werden.
Jetzt, Herr, erkenne ich:
Als während der dunklen und quälenden
Nächte
ich unter der Angst des Untergangs
gelitten habe,
als die Traurigkeit wie ein bleierner, schwer
zu tragender Mantel war,
meinen Geist bedeckte;
als alles um mich herum hart und feindselig
war,
senkte sich deine Hand mit unendlicher
Zärtlichkeit über meine müden Augen
wie ein Schleier der Ruhe;
schenkte mir dein warmer Atem
Schlaf und Träume.
Als mein Lebensboot das stürmische Meer,
das Meer der Leidenschaften durchquerte,
bist du zum Leuchtturm, zum Kompaß, zum
Polarstern,
zu meinem Schicksal geworden.
Und so, Herr, wird dein Bild,
sanftes Bild, in meinem Inneren lebendig,

und bitte ich dich darum,
mein Steuer, mein Segel, mein Licht und
meine innere Stimme,
mein Ausdruck zu werden.
Lenke mich auf dieser großen Reise, in der
ich auf der Suche nach meinem Selbst bin,
denn wenn ich wiederfinde, was ich verloren
habe,
wenn ich mich selbst wiederfinde,
dann wird mein Boot die Richtung zu
deinem Hafen einschlagen,
und ich werde der Kapitän sein können,
der sein eigenes Schiff steuert und lenkt.
Dann, Herr, werde ICH ich selbst sein,
und meine Krankheit wird sich schließlich
durch deine Gnade auflösen,
in dieser Begegnung mit meinem Ich,
das ich verloren hatte.

Amen

5

ZUR HEILUNG *von Kreislaufkrankheiten und Blutarmut sowie von Knöchelverstauchungen, Wadenbeinbrüchen, geschwollenen Knöcheln, Krämpfen in den Beinen, Herzschwäche, Nervenkrankheiten, Krampfadern und empfindlicher Haut*

Wir wenden uns mit dem folgenden Gebet an MELAHEL, einen *Thronengel:*

Engel MELAHEL, Thron Gottes!
Göttlicher Sitz, den Menschen geschenkt!
Herr, du verbreitest die sanften Wasser
deines Segens,
du bist die ausströmende Energie, die alles
erfüllt.
Bedecke meinen kranken Körper, der sich in
schlechtem Zustand befindet,
mit deinem heilenden Wesen.
Lasse deinen erhabenen Blick auf mir ruhen,
auf mir verirrtem Reisenden,
auf der Suche nach dem Ewigen.

Umhülle mich und bedecke mich mit deiner
Aura des Friedens.
Laß deine friedenbringende Kraft in mich
einströmen wie neuer Lebenssaft,
damit sie in meinem Blut,
durch dein Wesen erneuert,
durch meinen ganzen Körper fließen kann
und durch deine göttliche, antreibende Kraft
der Schlag meines Herzens
kräftiger wird
und durch deine göttliche treibende Kraft
mein getrübter Geist gereinigt wird.
Du überflutest meine Seele, Herr,
und mein ganzes Wesen!
Von nun an wird mein Dasein
von Friede erfüllt,
damit ich selbst den Frieden verkörpere,
und durch deine erhabene Gegenwart
auch andere Menschen Frieden finden.
Engel MELAHEL! Göttliche allumfassende
Kraft, die sich den Menschen aus Liebe
geben will!
Flöße meinen Gedanken deinen göttlichen
Atem der Hoffnung und des Mutes ein,
entferne die Hindernisse, die meinen
Horizont beschränken,
laß deine göttliche Kraft zerbrechen
die mich umgebenden Schranken und Ketten,

die mich an weltliche Dinge binden,
mich in einem goldenen Käfig leben lassen.
Ich möchte mit deiner Hilfe
ein neuer, anderer Mensch werden, der sich
zu den erhabenen himmlischen Sphären
aufschwingen kann,
doch soll mich das nicht daran hindern,
meine gute Arbeit in der materiellen Welt
fortzuführen.
Doch von nun an möchte ich und werde ich
mit einem neuen Bewußtsein
der Diener Gottes sein.
Herr! Laß meinen Geist zur Ruhe kommen
und diesen spirituellen Frieden, den du mir
schenkst,
das Ruder sein, die treibende Kraft, die mich
hin zu meiner eigenen
persönlichen Entdeckung führt.
O ja, Herr! Ja! Auf diese Weise werde ich
meine verlorene Gesundheit
zurückerlangen!
Gib mir, schenk mir, gewähre mir das Licht,
das ich brauche, um meine Laster zu
erkennen und sie in Tugenden
zu verwandeln.
Ich wünsche mir, daß diese Tugenden
schöpferische »Waffen« werden,

die mir mein inneres Gleichgewicht
zurückgeben können
und mir, Herr,
meine Gesundheit wiederschenken,
und daß meine Genesung
einen weisen Mann/eine weise Frau aus mir
macht,
genauso wie die lebendige Natur,
die die Weisheit selbst ist und den
Wanderern des Lebens das Rechte und Gute
im Überfluß gibt,
damit sie ihren Weg zum Guten, zu Gott,
beschreiten können.
Herr MELAHEL, ich verneige mein Haupt,
doch ich erhebe mein Herz zu dir.
Ich hoffe, Herr, deine verlorene Gnade
wiederzufinden.
Meine Missetaten sollen sich in meinem
Schmerz auflösen,
damit du mir verzeihst,
und wenn mein Leiden
eine weit zurückliegende Erinnerung an
meine *Erlösung* geworden ist,
wird der *neue Mensch*,
der von Krankheit und Fehlern
befreit ist,

mit sicheren und festen Schritten
auf das einzige Ziel zusteuern, das den
Menschen erlösen kann:
den Ewigen Vater.
So sei es!

AMEN

6

ZUR HEILUNG *von Krankheiten, die die Hüften, die Oberschenkel, den Ischiasnerv und das Steißbein betreffen sowie die Heilung von Hüftgelenkserkrankungen, Rükkenmarksschwindsucht, Lähmung und Leberfunktionsstörungen*

Wir wenden uns mit dem folgenden Gebet an SEHEIAH, einen *Engel der Herrschaften:*

Engel SEHEIAH, Quelle unendlicher
Weisheit! Gott, der den Weg zum Verzeihen
aufweist!
Herr, du besitzt die höchste allwissende Kraft
und die Macht über alle Geheimnisse.
Du, der du im verborgenen und tiefsten
Innern des Menschen wohnst,
siehe mit deinem sanften Blick, wie müde
meine Augen sind von der Härte des Daseins
auf dieser Menschenerde.
Aber schließlich, Herr, durch den Schmerz,
den mein Herz in sich trägt,

richtet sich mein Blick zu dir auf!
Breite über mir deinen großen Mantel
der Gnade und Liebe aus.
Hülle mich ein in dein Wesen
und erwecke in mir
dein eigenes Wesen,
das verborgen, vielleicht schlummernd,
in irgendeinem dunklen Winkel meiner
Seele ruht!
Laß deine göttlichen Wasser der inneren und
verborgenen Erlösung
auf mich herabfließen:
Quelle unendlicher Liebe,
die den Schmerz in meinem Herzen
lindert und heilt.
Laß mein Herz nach neuem Pulse
schlagen,
die dein lebendiges Sein mir geben,
und laß mein erneuertes Blut durch dieses
frische und neue Klopfen
mein ganzes Sein
durchfluten
und meine einst doch so gefühlvolle Natur
vollständig reinigen!
Befreie mich von karmischer Schuld und
Pflichten der Vergangenheit,
damit ich wirklich
von allen unreinen Wünschen frei bin,

die für meine spirituelle
Entwicklung
das größte Hindernis sind.
SEHEIAH, Herr und Meister der
Geheimnisse, die im Herzen der Menschen,
im Leben verirrter Wanderer,
verborgen sind.
Heute möchte ich die Ausrichtung meines
Daseins ändern
und suche ein neues Ziel.
Es ist nicht mehr die irdische Welt, die meine
fünf Sinne anzieht,
sie richten ihre *Aufmerksamkeit* von nun an
auf neue Ebenen des Daseins.
Ich bin durch die Zeit gereist,
ich bin der Wanderer auf der Suche nach der
Wahrheit;
und als solcher habe ich bereits
mit verschiedenen Gesichtern,
unterschiedlichen Namen
in verschiedenen Leben gelebt.
Ich habe mein Dasein in menschlichen
Lebensbereichen geführt,
o wie verschieden sie doch waren!
Doch auf dieser ständigen Wanderschaft,
Herr,
war mein Verhalten manchmal geschickt,
richtig und gut begründet,

manchmal aber auch ungeschickt,
unüberlegt und unglücklich;
manchmal bin ich gewandert,
auf Wegen voll Licht,
manchmal aber auch
habe ich meine Schritte
auf dunkle Pfade gelenkt.
Im Augenblick beschreite ich erneut
die Wege
dieser dunklen und feindseligen Welt,
die gleichzeitig so wunderbar sind.
Meine Schultern tragen die schwere Last
meiner Verfehlungen,
die ich zu einer anderen Zeit
und auf anderen Wegen
begangen habe und
deren Früchte auf mich zurückfallen.
Doch in diesem Moment, Herr,
möchten mein Haupt und mein Herz
dein Licht finden.
Mein Haupt und mein Herz sind vereint
auf der Suche
nach einer Lösung für die Widersprüche,
die ich in mir berge.
Ja, Herr! Heute bin ich mir dessen bewußt,
und ich weiß – in aller Bescheidenheit –
durch diese Erkenntnis,
daß sich die Wahrheit

meiner wiedergefundenen Gesundheit
im Geheimnis des *Lichtes*
befindet.
Heute, Herr,
in diesem Moment, Herr,
bitte ich dich darum,
eine Flut des Lichtes und der Liebe,
die unerschöpflich aus deinen ewigen
Quellen hervorströmt,
in mein Herz fließen zu lassen.
Durch deine Gnade wird mein ganzes Sein
klar und rein,
und mein Blut wird Träger der Liebe sein,
die du verbreitest und die meine Seele und
meinen Körper
jetzt schon beleben.
Herr! Reinige meinen Körper,
schenk mir Gesundheit!
Denn wenn du meinen Körper reinigst, wird
auch mein Geist gereinigt,
und ich werde von all meinen begangenen
Fehlern befreit,
die im Augenblick die größten Hindernisse
sind
und die den freien Weg
zu einer sinnvollen und
glücklichen Existenz versperren.
Wenn dein Licht mein Licht belebt,

werden mein Körper und mein Geist von
nun an deiner Liebe treu sein,
und ich werde für immer ein weiterer Soldat
der Armeen des Guten,
der Armeen Gottes sein.
SEHEIAH, Herr, der du in allem Sichtbaren
und in dem göttlichen Licht jedes Atoms
verborgen bist,
mach aus mir einen geistig und körperlich
vollkommenen Menschen.
Laß mich meine Gesundheit zurückgewinnen
und mit ihr die richtige Einsicht und das
Bewußtsein, das ich in der Vergangenheit
verloren hatte.
Herr, wenn mein Karma
meine vollständige und schnelle körperliche
Genesung verhindert,
dann laß alle Schatten in meiner Seele sich
in deinem Licht auflösen,
und laß mich zu einem erfüllten und reinen
Wesen werden, damit ich den Vorhaben des
Ewigen Vaters dienen kann,
und laß seinen göttlichen Willen und
meinen menschlichen Willen
zu einem *einzigen Willen* werden!
So sei es!

AMEN

7

ZUR HEILUNG *von Krankheiten, Schmerzen und Unfällen, die die Füße, speziell die Zehen betreffen, sowie Heilung von Tuberkulose, Erkältungen, Schleimhautentzündungen und bestimmten Leberkrankheiten (vor allem bei Schmerzen im Leberbereich)*

Wir wenden uns mit dem folgenden Gebet an OMAEL, einen *Engel der Herrschaften:*

> Engel OMAEL, Gott der Entwicklung
> aller Lebensformen!
> Gott, der das Leben hervorbringt!
> Laß unfruchtbare Pflanzen und
> vertrocknete Gräser,
> alles Verwelkte wieder erblühen.
> Herr! Dringe ein
> in meine verwundete Seele,
> denn allein deine Gegenwart lindert den
> Schmerz meines kranken Körpers.
> Mach die kargen und öden Felder
> in meinem Inneren wieder fruchtbar.

Stärke die Lebensströme meines
Körpers,
die durch die Abwesenheit deines
Geistes
immer schwächer wurden.

Engel OMAEL, du besitzt und gewährst
das Geschenk der Geduld;
gib mir ausreichend Kraft,
um die Schmerzen
meiner Krankheit zu ertragen.
Herr, gib mir die Fähigkeit,
die Erfahrung zu verstehen und zu
verinnerlichen,
die mich mein Selbst lehren will.
Ich erkenne durch meine fehlende
Gesundheit
die Abwesenheit des göttlichen Lichtes.
Ich weiß, daß meine Leiden
durch meine Handlungen hervorgerufen
wurden und daß es keinen Zufall gibt;
nichts geschieht zufällig!
Und doch ... Herr ... ist es so leicht,
vom rechten Weg abzukommen,
wenn es dunkel wird!
Ohne daß man es bemerkt,
entfernt man sich,
und man hört nicht mehr

das sanfte Wispern des Geistes;
süße Stimme,
die man im trüben Wasser der Gefühle
ertränkt.
Hier bin ich Herr! Sieh, meine Brust
unter der Flut von Gefühlen, in den Sümpfen
meines menschlichen Elends!
Und die so notwendige Luft kann sich
keinen Weg mehr bahnen,
meine schwere Atmung lähmt mein Dasein,
und meine kranken Füße können meinem
Weg nicht mehr folgen.
Meine kranken Füße können nicht mehr
weitergehen,
doch dieser schmerzhaften Erfahrung
entspringt ein erleuchtender Gedanke,
und mit ihm erhebe ich mich zu deinem
Angesicht!
Du steigst hinab zu mir, ...
und du bist in mir,
und du füllst die Leere in mir,
in meinem Inneren.
Angesichts deines Lichtes beugt sich mein
Stolz,
und mein Geist, verletzt durch meine Lügen
und Missetaten,
findet wieder seinen Frieden.
Herr, frei von allen weltlichen und

materiellen Dingen,
bitte ich eindringlich um *deine Inspiration*,
die Inspiration, meinen wieder belebten
Körper neu zu durchströmen.
Herr! Verankere in mir die
spirituelle Gesundheit,
damit sie schnell durch meinen kranken
Körper fließt.
Erfülle mich mit deiner Gegenwart,
schenke mir deine Wärme,
entfache deine Stimme in meinem Inneren,
und gewähre mir das Geschenk der
Weisheit.
Denn wenn du mich zu einem weisen
Menschen machst,
gibst du mir die Möglichkeit, zu einem
neuen Leben,
in ein neues Dasein,
wiedergeboren zu werden.
Herr! Ich möchte das sein, zu dem mich dein
göttliches Wohlwollen inspiriert.
Doch ich möchte wirklich aus der Asche
wiedergeboren werden,
um mich zu dir erheben zu können.
Ich möchte ein reiner Mensch sein,
meine Unschuld wiederfinden,
von vorne anfangen
und mich den anderen als Weg anbieten,

der zu deinem göttlichen Schoß führt.
Göttlicher Engel OMAEL,
ich möchte die Lampe sein,
die dem Reisenden den Weg beleuchtet,
denn wenn ich selbst Licht bin, wird durch
deine Gnade das Bedürfnis zu leiden
für immer aus meinem Leben verschwinden,
und der Schmerz und die Krankheit werden
gebannt sein,
denn in dem Licht und in der Gesundheit
werde ich den Sinn meines Daseins
wiederfinden.

AMEN

8

ZUR HEILUNG *von Krankheiten, die die Geschlechtsorgane betreffen, Blase, Gallenblase, Dickdarm, Lendenwirbel (und Umgebung), Prostata sowie bei Vergiftungen, Hämorrhoiden, Leistenbruch, Fisteln*

Wir wenden uns mit dem folgenden Gebet an REHAEL, einen *Engel der Mächte:*

> Engel REHAEL, Gott der Barmherzigkeit!
> Herr des unendlichen Verzeihens,
> der mit offenen Armen
> alle reuigen Sünder empfängt,
> befreie meinen Geist.
> Unterwirf meine rebellische Seele
> deiner göttlichen Macht,
> denn wenn ich mich dem Willen des
> Himmlischen Vaters unterwerfe,
> kann mein inneres Selbst wieder
> gestärkt werden.
> Allein mit Hilfe des Willens des Vaters
> werde ich die richtige Antwort

auf meine Befürchtungen, meine Sorgen
und mein Leiden finden können,
damit ich sie nicht um mich verbreite.
Befreie mich,
denn ich möchte meine Umgebung
und meine Nachkommen
von der Last meiner Leiden
befreien.

Engel Rehael, Herr! Kaum erwache ich
aus dem trügerischen Traum meiner Jugend,
o wie erschreckend.
Ohne es zu begreifen,
bin ich mir der täuschenden Lüge bewußt,
die meine unbesonnenen Gefühle
meinen so verwundbaren Sinnen
auferlegt hatten!
Ich fühle und sehe mich als Verräter
an dem moralischen und materiellen Ziel,
das mein Selbst, der göttliche Funke in mir,
für mein Wohlbefinden in meinem jetzigen
Dasein anstrebte ...
Ich habe meinen Körper
zu einem Feld der Verfehlungen
und der Verdammnis gemacht.
Ich bin krank, Herr, und ich leide daran ...
doch der Schmerz über meine Fehler
ist noch viel stärker:

ein noch größerer Schmerz, der sich
meinem körperlichen Leiden hinzufügt.
Ich erkenne meine Verfehlungen
und meine Vergehen,
ich akzeptiere meine Schuld.
O wie nachlässig war ich mir gegenüber!
Sinnverwirrende Finsternis hat
meinen Lebensweg erschwert!
O wieviel Gewalt tobt in meinem eigenen
rebellischen Inneren!
Ich habe nicht gezögert, mich gegen den
göttlichen Willen meines Vaters
zu erheben,
um meine Wünsche durchzusetzen;
Ich habe all meine höheren inneren Antriebe
niedergeworfen, ausgelöscht und vernichtet.
Meine Niederlage war unvermeidbar,
damit vielleicht ich dir mein Herz
wieder öffnen konnte.
Jetzt kann ich dich hier, nahe bei mir,
spüren.
Dein Licht hat meinen ungesunden Geist,
der nach Macht strebte, erleuchtet.
Ich kann dich wahrnehmen …
ich wache auf,
um meine Fehler wiedergutzumachen,
ich nähere mich dir, um in mir
die Wahrheit wiederzufinden.

Ich akzeptiere deine göttliche Überlegenheit.
Ich möchte meiner eigenen
göttlichen Bestimmung,
meinem Bewußtsein gehorchen!
Herr, ein großer Schmerz
umgibt meinen Körper und meine Seele!
Befreie mich von all diesen
materiellen Hindernissen!
Erneuere mein Wesen! Gib mir mein inneres
Gleichgewicht zurück!
Bereichere meinen Geist mit deiner
Gegenwart!
Erschaffe durch deine Kraft in mir
ein neues Wesen!
Laß mein Herz
durch reine Gefühle beflügelt sein,
die meinem Leben neue Impulse
zum Guten und zur Harmonie geben!
Herr REHAEL, du bist Träger *weiterer Möglichkeiten:*
Höre meine gebrochene Stimme!
Erhöre meinen verzweifelten Ruf
– voller Schmerz und Reue.
Erkenne und beachte meine Hoffnung
in einem Kampf,
den ich noch nicht verloren habe!
Ich bin eine Seele, die gezwungen ist,
in einem Gefängnis zu leben,

das ich selbst errichtet habe.
Doch du, Herr, bist mein Schlüssel,
der Schlüssel, der alle verschlossenen
Türen öffnen wird; der Schlüssel,
der alle Schlösser öffnen kann.
Gib mir die Kraft meiner Jugend zurück,
die ich in vergeblichen Kämpfen
vergeudet habe,
damit ich auf den Ruinen
ein neues und solides Gebäude errichten
kann.
Sorge dafür, REHAEL, daß all das, was ich
einst verdammt habe,
nun die treibende Kraft meines
jetzigen und zukünftigen
Seelenheils ist.
Befreie mich von jeglicher Finsternis und
Dunkelheit!
Und selbst wenn ich die Ketten ertrage, die
ich selbst schmiedete und mir anlegte,
bitte ich dich, mir die Kraft zu geben,
mein Verhalten zu bessern,
um so all das aus meiner Vergangenheit
auszulöschen,
was mein derzeitiges Unglück bewirkt.
Wenn ich dank deiner barmherzigen Hilfe
meiner eigenen spirituellen Bestimmung
folgen kann, dann, Herr,

werde ich gesiegt haben, dann
werde ich den letzten Sieg
in diesem Krieg gegen mich selbst
errungen haben.
Aus diesem Grund bitte ich dich
demütig darum,
deine reinigenden Wasser in mich strömen
zu lassen,
damit dieses Karma, das mich erschöpft,
endlich aufgehoben wird.
Denn du weißt, daß ich aus meiner Asche
wiedergeboren werden will,
um an deinem Werk mitzuwirken!
Ich werde mein Leben ändern,
indem ich deine Ratschläge befolge.
Herr! Erhöre mich, und säe deine Gnade auf
meinen nun fruchtbaren und ergiebigen
Boden.
Pflanze in mir
deine göttliche Saat der Selbsterneuerung.
Und wenn aus diesen Samen
schöne Pflanzen geworden sind,
werde ich dir freudig, dankbar
und voller Liebe,
die Früchte meiner inneren Auferstehung
schenken.
Gib mir die Möglichkeit, ein durch dich
neuerrichtetes Werk zu werden.

Belebe mich,
denn von nun an
und für immer
werde ich nur noch ein treuer Diener
des Gesetzes sein,
das du versinnbildlichst,
Herr REHAEL!

AMEN

9

ZUR HEILUNG *von Herzkrankheiten sowie zur Linderung von Rückenschmerzen, Angina pectoris, Herzrhythmusstörungen, bei Rückenmarkserkrankungen und häufig auftretender Bewußtlosigkeit*

Wir wenden uns mit dem folgenden Gebet an SEHALIAH, einen *Engel der Tugend:*

Engel SEHALIAH, Gott des Lichtes!
Erwecker
schlummernder Willenskräfte!
Herr, Antrieb göttlicher Tat!
Erhöre, o Ewiger, das schwache Klopfen
meines Herzens.
Erneuere mein Blut, so daß mich von
nun an, von diesem Moment an,
mein neues Verständnis
für die Werte des Lebens
zu Gott hinführen wird.

Engel SEHALIAH, ich bin auf Irrwegen gewandert.
Mein menschlicher Stolz hatte mich
in das Land des Vergessens geführt.
Ich war groß und mächtig in materiellen Dingen;
doch, o wie klein war meine Seele!
Ich habe der Stimme, die aus meinem
Herzen kam, zu schweigen befohlen,
o wahrhaft strahlende Stimme!
Ich habe meinem Bewußtsein das Licht verwehrt
und die Pforte zum Himmel verschlossen,
und gleichzeitig das Tor in die Tiefe
der Hölle geöffnet.
Ich habe den spirituellen Fluß unterbrochen,
die mein menschliches Dasein
zu höheren Zielen führte,
und auf diese Weise, o Herr SEHALIAH,
wollte ich ein glücklicher, wohlhabender Mensch werden,
doch in Wahrheit habe ich dadurch
das Wertvollste,
das Wichtigste im Leben verloren:
die Verbindung mit Gott, mit meinem inneren Gott.
Mein Hochmut, mein Stolz, mein Jähzorn

waren der Grund dafür,
daß Krankheit, Schmerz und Leid
in mir Wurzeln schlagen konnten,
und da ich mein inneres Licht
immer mehr verlor,
bin ich anfälliger geworden
für all diese Schmerzen!
Doch erst durch das körperliche
Gebrechen habe ich meinen Blick
zu dir aufgerichtet.
Ja, Herr,
ich bin mir meiner Niederlage
bewußt.
Ich hoffe, daß meine Stimme zu dir
aufsteigt.
O, erhöre und verstehe mein Gebet!
Gib mir deine göttliche Kraft!
Laß mich von deinem heilenden
flüssigen Feuer trinken!
Denn wenn du,
kosmische Energie und Macht,
in meine Seele eindringst,
wird mein Körper seine Kraft wiederfinden
und sich erholen.
Ja, ich werde meine alten, fehlerhaften
Gewohnheiten aufgeben
und mit der Kraft deiner Liebe
neue Handlungsweisen annehmen.

Ich werde mein Leben von dem blendenden
Glanz der irdischen Dinge fernhalten,
um in der Stille, auf mein Inneres horchend,
den Widerhall deiner göttlichen Stimme zu
finden.
Ich werde, o Herr, von neuem
den Widerhall dieser neuen Kraft hören,
die mich zum Vater führen soll,
dem Herrn der gesamten Schöpfung,
dessen Existenz klar und unbestritten *ist*,
gegenwärtig in allen Dingen und Menschen.
Und wenn mein Verhalten, meine
Einstellungen diesen Becher
mit Schmerz gefüllt haben,
so reiche mir diesen bitteren Nektar,
den ich trinke,
denn ich werde diesen Kelch
bis auf den letzten Tropfen,
bis zur Neige leeren!
Und wenn mein Herz und mein Verstand
meinen Schmerz erkannt
und angenommen haben,
dann befreie, o Herr, meine Seele, damit
die Angst, die sie verzehrt,
sich in meinem Geist auflösen kann und
von diesem Schmerz nichts als die Erinnerung zurückbleibt,
die mich vor der Versuchung bewahren soll,

wieder dieselben Fehler zu begehen.
O Herr SEHALIAH! Laß deine Stimme
in meinem Bewußtsein erklingen, um mich
zu erleuchten.
Bewahre mich mit deinem Licht vor jedem
moralischen Unheil,
laß Bescheidenheit und Demut den Antrieb
meines menschlichen Verhaltens
und meines geistigen Wesens werden.
Komm, Herr, ergieße dich in mein Inneres!
Laß mich durch deine Gnade mein Leben
zu Gott hinwenden:
Wenn es wieder dunkel in meiner Seele wird,
wenn das Boot meines Lebens erneut in dem
Sumpf der Leidenschaften untergehen will,
dann sei für mich in dieser Zeit,
Herr SEHALIAH,
die sanfte Brise, die meine Segel
wieder in Richtung meiner Pflicht schwenkt.
Verhindere, daß ich wieder in die Auswegs-
losigkeit der irdischen Leidenschaften
zurückfalle,
die den Geist gefangenhalten!
Herr! Rufe mich! Führe mich zur Tat,
zur Handlung!
Inspiriere mich mit deiner göttlichen Kraft!
So sei es!

AMEN

10

Zur Heilung *von Krankheiten, Unwohlsein oder Schwächen, die die Harnwege, die Nieren, das Urogenitalsystem und die Wirbel betreffen sowie bei Diabetes, Gallen- und Nierenkoliken und Blasensteinen*

Wir wenden uns mit dem folgenden Gebet an Daniel, einen *Engel der Fürstentümer:*

> Engel Daniel, Gott, der die Harmonien wiederherstellt!
> Sprudelnde Quelle des Gleichgewichts und der Schönheit!
> Schenke mir deine belebende Energie!

Engel Daniel, Gott der unendlichen Güte.
Ewiger, erleuchte meine menschliche Reise mit deinem Licht,
das wie ein funkelnder Kristall ist!
Herr, nun ... angesichts deiner wohltuenden und betörenden Gegenwart
forsche ich in mir und entdecke dich.

Langsam steige ich siegreich aus der Tiefe
meiner vergangenen schweren Müdigkeit
auf.
Mein Bewußtsein, das durch mein Streben
nach materiellen Eroberungen getrübt war,
schlummerte vor sich hin.
Wie ein wild gewordenes Pferd
befand ich mich in einem verrückten Rennen
auf dem Weg ins Unendliche ...
Ich habe gesucht, bin in mich gegangen,
doch *du* warst nicht da.
Innerlich leer und einsam ging ich dahin,
und ein starkes Gefühl der Verlassenheit
hat meine nackte Seele ergriffen.
Die Sonne hat sich verdunkelt, und die
Wärme ist gewichen;
eine gewaltige Kälte ist in meine Seele
eingedrungen.
Ich habe erkannt, daß mein Körper durch
menschliches Leid
müde und erschöpft,
verwundet und beschmutzt wurde.
Ich hatte mein Schwert, mein Kampfroß aus
Egoismus gemacht!
Meine überzeugenden Reden waren meine
Siegeswaffen,
und die Lüge war mein Halt!
Starker Schmerz belastet mein Dasein!

Und in der Verzweiflung rufe ich nach
deiner Hilfe.
Herr, DANIEL, heile meine Wunde,
meinen Schmerz!
Laß diese Wunde, die mich quält,
heilen und vernarben!
Entzünde dein himmlisches Feuer
in meinem Inneren, wo Mangel an Liebe
Einsamkeit, Leere und eisige Kälte
hinterließ.
Mein Geist, Gefangener meiner Fehler und
Irrtümer,
will mich vor diesem dunklen Abgrund
retten, in den ich gestürzt bin,
orientierungslos und verloren.
Ich versuche, aus dem Labyrinth,
das ich mir selbst geschaffen habe,
herauszukommen.
Erhöre mich, Herr!
Laß es Tag werden in meiner endlosen
Nacht,
die nur aus leeren Träumereien besteht.
Mein Klagen und Seufzen
entspringen meinem reumütigen Herzen.
Meine Tränen waschen mein Gesicht,
entstellt von Unglück und Verlassenheit,
und reinigen meine bedrückte Seele.
Ein neuer Stern erstrahlt mitten am Himmel,

das bist du, Engel DANIEL.
Du wirst die Schmerzen meines verletzten
Geistes heilen,
der, einmal genesen,
Wächter und Eroberer auf dem Weg
zu neuen Horizonten sein wird!
Verleih mir Flügel, Herr,
die mich zu dir erheben.
Belebe mein Wesen
mit deinen klaren Wassern,
denn sie werden den Staub des Lebens,
der mein göttliches inneres Ich bedeckt,
von mir spülen, mich reinigen.
Herr, Ich bitte dich, meine Seele von
den Sünden reinzuwaschen und
meinen Körper von seiner Erschöpfung zu
befreien!
Früher hat der Glanz des greifbaren Goldes
meine Gedanken betört,
und ich war Sklave
meiner materiellen Wünsche ...
König des Materiellen, aber bettelnd um
himmlische Nahrung!
Ich habe aus meinem grünen Paradies
eine trockene Wüste gemacht;
die Rose meiner Seele hat ihre Blätter
geschlossen ...
Sie ist durch deine Abwesenheit,

durch das Nichtvorhandensein
deines Wesens,
deines Duftes verblüht.
Die Quelle, die ihr Wasser gab, ist versiegt.
Der Regen hörte auf,
als ich mich von dir entfernte,
und mein Garten atmete nicht mehr,
er trocknete aus.
Doch jetzt, geliebter Herr,
erwache ich aus der Verzauberung, die mich
gefangenhielt und mich dazu zwang,
fern von dir zu leben.
Ich öffne die Tür meiner Seele
und gehe in mich:
Tritt ein, Engel DANIEL,
mein Haus ist auch dein Haus!
Mach aus mir einen anderen,
neuen Menschen,
erfüllt von Kraft, Energie und Mut
in all meinen Gliedern.
Laß mich nichts mehr fürchten!
Wenn du in mir bist, werde ich auch meine
Umgebung glücklich machen können:
Der Himmel wird um mich sein!
Herr, heile die Wunden meines Geistes,
damit auch die Wunden meines Körpers
heilen und vergehen!

AMEN

II

ZUR HEILUNG von *Krankheiten, Unwohlsein oder Schwächen, die den Hals, den Nakken, die Halswirbel, das Kleinhirn, den Rachen, den Kehlkopf, die Ohren, die Mandeln, die Speiseröhre, den Gaumen und die Stimme (Stimmbänder) betreffen sowie Heilung von Wundbrand, Fettleibigkeit und schlechter Venendurchblutung*

Wir wenden uns mit dem folgenden Gebet an HAHASIAH, einen *Engel der Fürstentümer:*

Engel HAHASIAH, in den Geheimnissen
der Welt verborgener
Gott!
Fackel, die die innere Leere
der Menschen erhellt!
Ich bitte dich, die Finsternis,
die meine Seele umhüllt,
zu vertreiben!
Erhebe meinen Geist zu deinem
himmlischen Thron!

Engel HAHASIAH, Herr! Lebendiges Wesen!
Geistiger Glanz!
Glänzendes Licht, erleuchtend für die
Seelen, die die Geheimnisse des Kosmos
erforschen.
Du, der du die Augen der Blinden erhellst,
du, der du die Ohren der Tauben öffnest,
der du deine Stimme den Stummen
verleihst,
du, Herr HAHASIAH, du bist der Stab,
auf den sich der Wanderer
erschöpft stützen kann.
Du bist die Kraft des Schwachen
und die Bekleidung der Armen.
Ich bitte dich, meine sündige Seele mit
deinem Mantel aus Licht zu bedecken.
Sei für mich die Quelle des
kristallklaren Wassers,
das den Durst stillt und löscht.
Sei für mich, Herr, die himmlische Nahrung
meines Geistes (meines Selbst),
begierig nach deiner unendlichen Weisheit.
Gib mir, HAHASIAH, eine neue Sichtweise,
neue Ansichten, eine neue Einstellung zur
Entwicklung des Daseins,
um so der Wegbereiter der
künftigen neuen Welt zu werden.
Herr, ich möchte die Warmherzigkeit

der Welten deines Königsreiches entdecken.
Der heutige Tag, das Hier, das meine
Gegenwart ausmacht,
zeigt mich als erschöpften und müden
Menschen.
Meine Körperkräfte haben mich verlassen,
ich fühle mich besiegt von den vielfältigen
Irrtümern meines Daseins,
doch möchte ich mich, Herr,
der Tiefe meiner Schwäche mit Kraft
entreißen,
ich möchte den Impuls auslösen, der mich
zu dir erheben wird!
Ich möchte, daß von nun an, in Zukunft,
dein geistiges Licht
der Lichtstrahl in meiner Finsternis ist.
Wenn dichter Nebel meinen Geist umhüllt
und die blaue Linie des Horizonts verbirgt,
die du für mich gezogen hast,
dann werde ich deinen heiligen Namen
rufen!
HAHASIAH, *Engel Gottes!*
Und der strahlende Glanz deiner Gegenwart
wird ausreichen, damit es Tag wird
in der Nacht der Versuchungen.
Ich kann niemals wieder in die früheren
Fehler zurückfallen,
denn du bist von nun an mein ewiger
Begleiter.

Deine unendliche Güte nimmt den reuigen
Sünder in dein Inneres,
in deine Heimstatt auf,
und ich, Herr,
spüre den Schmerz meines Selbst.
Ich wünsche sehnlichst, daß aus der bitteren
Reue meines so nach Frieden dürstenden
Geistes Honig wird.
Ich werde niemals mehr
auf sandigem Grund oder Schlamm bauen
und werde niemals mehr meine Säulen auf
dem wackligen Fundament meiner
Leidenschaften errichten.
Wenn du meiner Seele vergibst,
wenn du die Last meines Karmas
erleichterst,
wenn du den Schmerz meiner Sorge
in innere, geistige Kraft verwandelst,
wirst du aus mir einen
Schöpfer des Lichtes machen.
Ich werde meinen Geist stärken,
damit ich niemals mehr den niederen
Eingebungen des Tiers in mir,
das stets den Unwissenden unterjocht,
zum Opfer falle – Eingebungen,
die den noch kraftlosen, bedauernswerten
Lebensreisenden unterwerfen.
Und niemals mehr werde ich eine andere

Macht anerkennen als die,
die der Ewige Vater mir gewährt.
Ich werde meine Ohren vor täuschender,
betörender Rede verschließen,
und ich werde die bösen Worte
wiedergutmachen,
die aus meinem Mund kamen.
Ich werde im Einklang mit dem, was du,
Herr, mir eingeben wirst, handeln.
Ich werde mich um die Notleidenden
kümmern, doch werde ich niemals ihr
Unglück ausnützen, um mich daran zu
bereichern!
Ich werde all denjenigen die Binden
von den Augen nehmen, die ich mit leeren
Versprechungen geblendet habe.
Herr! Ich habe in deinem heiligen Namen
die Kraft zur Wiedergutmachung gefunden.
Stelle in mir das Gesetz wieder her,
das ich übertreten habe!
Laß deine Wahrheit meinen ganzen Körper
durchdringen,
und mach aus mir einen Strom
klaren Fluidums,
der sanft zu dir fließt.
Mach aus mir, Herr HAHASIAH, ein
wirksames Teil deiner göttlichen Ordnung.

AMEN

12

ZUR HEILUNG von *Krankheiten der Augen und des Sehvermögens*

Wir wenden uns mit dem folgenden Gebet an NANAEL, einen *Engel der Fürstentümer:*

> Engel NANAEL, Fackel, die die Welt erhellt!
> Herr! Du bist die Quelle der Weisheit:
> Zeig mir die Geheimnisse des Kosmos,
> damit ich niemals mehr auf
> den Wegen des Irrtums wandern kann.

Engel NANAEL, Rast für den erschöpften, müden Wanderer.
Ewiger, in der Einsamkeit meines Geistes,
in der Dunkelheit des Abgrundes, in dem ich lebe,
belastet von den Qualen des Zweifels,
leide ich, weil ich den Grund meines
Leides nicht verstehen kann,
und erhebe meinen Blick,

einst verloren im Nichts,
zu Gott.
Nimm den Schleier von meinen Augen,
laß mich meine übertretene innere
Ordnung wiedererkennen (süßer Nektar!).
Sag mir, du, der alles Verborgene lesen kann,
der du selbst das Buch der Erkenntnis bist,
wo und wann ich von meinem Weg
abgewichen bin
und die Wege der Dunkelheit betreten habe,
und nichts sehen konnte außer mir.
Herr der Weisheit, Nahrung der Hungrigen!
Ich erkenne langsam,
was du von mir erwartest!
Meine Augen haben mich im Stich gelassen!
Sie haben den Versuchungen der materiellen
Welt, die mich umgibt, nachgegeben:
Gefängnis des Geistes, vorübergehender
menschlicher Wohnsitz,
Generalprobe,
Erkenntnis für Seele und Körper!
Herr, ich habe weit an dir vorbeigeblickt,
in eine andere Richtung.
So fern und weit daneben, daß ich
die rechte Sichtweise
der äußeren und inneren Welt verloren habe!
Ich wandere blind in einer unbekannten
Welt,

gequält von den glücklichen Erinnerungen
an das Haus, an mein Heim,
das Höhere, das wahre Haus, Zuhause!
Verbannt!
Vielleicht auf der Suche nach einer
unauffindbaren Lösung.
Wenn meine Augen, zur äußeren Ruhe
gezwungen,
mein Inneres erforschen,
werden sie – ja vielleicht – in meinem
Herzen den Wunsch erkennen,
daß es in demselben
Rhythmus wie du, mein Gott,
schlägt!
Herr, ich war blind!
Denn mein Unwissen ist die Mutter meiner
Schwäche,
und deshalb bitte ich dich,
Gott der Liebe und der Güte,
laß dein himmlisches Wissen
die Mutter meiner Gesundheit sein!
Herr, wenn ich ein Bild davon bekommen
kann, was über die Grenzen des Inneren
hinausgeht,
wenn es mir in meiner Meditation gelingt,
mich zu prüfen und
deine Gegenwart zu erkennen,
werde ich auf diese Weise die Zeit

zurückgewinnen können,
die ich in vergeblichem Suchen verloren habe, und schnell wieder den rechten Weg finden, um auf ihm mutig weiterzugehen.
Meine persönliche Niederlage wird zum Sieg!
Zum *Katapult*, das mich auf die Wiedereroberung meiner Persönlichkeit schickt,
die bisher so fehlgeleitet war.
Erleuchte meinen Geist!
Laß mich deine Stimme hören!
Erhelle meine Sicht mit deinem Licht,
damit ich mein inneres Gleichgewicht wieder herstellen kann.
NANAEL, Herr! Licht!
Hilf mir, meinen verlorenen Frieden wiederzufinden.
Führe mein Bewußtsein zu Gott.
Denn wenn du mir bei meinem Tun beistehst,
werde ich niemals mehr die Sicht für das verlieren,
was göttlich ist,
was menschlich ist.

AMEN

13

FÜR DAS *Gelingen von Operationen sowie für das Anpassen jeder Art von Prothesen (Zahnprothesen, orthopädischen Prothesen und Bruchbändern). Für erfolgreiche Verjüngungskuren und schönheitschirurgische Operationen*

Wir wenden uns mit dem folgenden Gebet an NITHAEL, einen *Engel der Fürstentümer:*

Engel NITHAEL, Herr des
vollkommenen Gleichgewichts!
Blendende Schönheit!
Harmonie, die sich über die Schöpfung
ergießt!
Berühre, o Ewiger, meinen kranken
Körper,
mach aus mir den dauerhaften Ort
deines Gleichgewichts.

Engel NITHAEL, Herr, meine Seele ist von
der göttlichen Quelle getrennt,
weit entfernt von innerem Frieden.
Und hier reitet sie, entblößt, ausgelaugt und
ausgehungert
auf den staubigen Wegen der Erde.
Mein Bettelsack ist leer, Herr, es existieren
nur noch Schmerz und Schmach,
oft auch Gewissensbisse, die mich quälen.
Meine inneren Sinne sind orientierungslos
vor Hunger und Durst nach Weisheit und
Erkenntnis,
und sie bleiben stumm in dem erdrückenden
und bedingungslosen Schweigen.
Die tiefe dunkle Nacht hat sich über mich
gesenkt,
und ich bin nichts mehr ... ich fühle mich
als ein Nichts,
nur als eine Seele in der Einsamkeit,
verbannt durch eigenes Verschulden,
entfernt von der Seelenruhe, die man
empfindet,
wenn man sich verbunden, vereint mit dem
Ewigen Gott fühlt.
Ohne dich gibt es keinen Frieden,
nur ein bedrückendes Schweigen,
das meinen Rücken beugt und mein Haupt
zwingt,

seinen Blick zu Boden zu senken.
Deshalb, Herr, mit dieser Bürde meiner Schuld, rufe ich nach dir,
bis in mein Innerstes getroffen, von dem starken Verlangen nach Spiritualität,
deshalb rufe ich deinen Namen: NITHAEL!
Reiche mir deine Hand! Gütige Hand!
Erhebe meinen Körper, um ihn von der Verderbtheit der trügerischen, unsicheren Wege zu retten …
Bewahre mich vor frühzeitigem Altern!
Denn es sind nicht die Jahre, die den Menschen bestrafen und ihn zum
körperlichen Verfall verurteilen, nein: Durch das Verharren in einem Irrtum altern wir,
denn der Frohsinn, NITHAEL, ist die Frucht des inneren Gleichgewichts.
Herr, dieser Zustand der Verwirrung,
in dem ich mich befinde,
bringt mich vom Kurs ab und läßt mich umherirren,
und ich gehe in der Finsternis auf unsicheren Wegen,
auf denen ich mich selbst nicht wiederfinde.
Durch diese große Verwirrung,
in der ich gefangen bin,
die Tränen in meine Augen und Schweiß auf meinen Körper treibt,

zittere ich und schaudere und bin
erschüttert …
Die Einsamkeit, ständiger Begleiter der
verirrten Wanderer,
verläßt mich niemals.
Mehr noch,
sie spornt mich an, ermutigt mich
und treibt mich an,
sie bringt mich … zu dir,
und in meinem Schmerz suche ich dich
und finde dich *in meinem eigenen Inneren.*
Alle entzündeten Feuer! In vollem Licht,
und ich finde wieder Kraft und Mut
durch die Gnade deines warmen Lichtes.
Und ich kann dem Feind, mir selbst,
die Stirn bieten
und mich im Spiegel betrachten,
und du kannst mich im Spiegel betrachten,
und dadurch daß ich mich selbst sehe, kann
ich auch die Herausforderung annehmen,
und zu mir sagen:
Auf gehts! Ich fange an!
Ich begebe mich auf die Suche
nach mir selbst, voller Mut,
eine Lösung für dieses Rätsel zu finden.
Herr, gib meinem Herzen Kraft und
Tapferkeit für den Kampf, den es mit mir –
mit sich selbst – austragen wird,

denn wenn *du* in meiner Seele wirkst,
brauche ich nichts anderes mehr.
Du bist die Energie, die meinen Körper
antreibt, den Sieg
über sich selbst zu erzielen.
Du, NITHAEL, bist der
Rückhalt meines Daseins,
die sanfte Liebkosung, Blume des
göttlichen Frühlings auf meiner Wange,
und die Kraft, wie der Arm des Kriegers im
Kampf.
NITHAEL, Herr, stärke mich für diesen
Kampf, der mir bevorsteht,
um die innere Gesetzmäßigkeit
wieder herzustellen.
Ermögliche mir, zu deinem Gesetz
zurückzufinden, und
wenn du mich mit deiner göttlichen
Barmherzigkeit überflutest,
wird nichts und niemand verhindern,
daß mein Geist die verlorene Einheit
zurückerobert.
Herr, offenbare deine Gegenwart in mir,
mach mich zum Überbringer
von Harmonie und Gerechtigkeit,
überall dort, wo man mich braucht!

AMEN

14

ZUR HEILUNG *von Krankheiten, Schwächen, Unfällen und Unwohlsein, die die endokrinen Drüsen betreffen*

Wir wenden uns mit dem folgenden Gebet an POYEL, einen *Engel der Fürstentümer:*

> Engel POYEL, göttliches kosmisches
> Wesen!
> Säule des Universums.
> Hilfe und Stütze der Verlassenen.
> Lenke deinen sanften Blick in dieses
> Tal des Schmerzes,
> Sitz der Menschheit.
> Verströme die Tränen deines Mitgefühls,
> Herr,
> und überflute uns durch sie
> mit deinem Lebenswasser,
> damit deine Liebe der große
> Erlöser der karmischen Last
> unserer schweren Vergangenheit sei.

Engel POYEL, ewige universelle Wesenheit,
sei für ewig lebendig in mir!
Herr, belebe meinen Geist mit deinem
Wesen,
bleibe bei mir, vereint mit mir bis zu dem
Moment, Ewiger, in dem
beim Atmen nicht nur Luft in meine Lungen
eindringen wird,
sondern auch du,
dein göttlicher Atem.
Du bist die unsichtbare Kraft, die meinen
Geist belebt,
mächtige Strömung, weites Meer voll
gischtendem Schaum,
erhabene sanfte, wohlwollende reinigende
Kraft.
Du bist die reine Kraft,
die der Seele, die gesündigt hat,
neue Reinheit verleiht.
POYEL, dringe ein in meine Seele,
die durch all den Kummer leidet!
Eine Festung möchte ich sein, die sich
freiwillig deiner Göttlichkeit ergibt,
und mit diesem Geschenk meiner selbst,
mit dieser Kapitulation, die ich dir
bedingungslos und ohne Umschweife
anbiete,
bitte ich dich, allmächtiger Herr,

mich von meinen körperlichen Schmerzen
und von meiner geistigen Qual zu befreien.
Niemals zuvor habe ich so stark die
Anwesenheit dieses
doppelschneidigen Schwertes gespürt,
das über unseren stolzen und
hocherhobenen Köpfen schwebt,
die sich senken und bescheiden sollten,
der innerlich eingestandenen Schuld bewußt.
Und doch beten wir lieber Vorbilder an,
was unsere Verfehlungen im Laufe der Zeit
verursacht hat.
Dennoch, Herr, bin ich mir der
Energien bewußt, die du ständig
kraftvoll und doch sanft
in mich strömen läßt
und die letztlich
mein Bewußtsein
für die wirkliche Wahrheit öffnen.
Strahlende, leuchtende, klare Wellen,
die sanft und unmerklich in meinen
geschwächten Körper eindringen;
der jedoch wird aufwachen, um mein
inneres Wesen zu berühren
und die Genesung herbeizuführen.
Ich bin schon kein Spielzeug und keine
Marionette mehr,
stehe nicht mehr unter der Herrschaft

meiner Wünsche.
Sobald die Wasser deiner Meere des Glückes
und der Gesundheit
an meine Ufer stoßen,
werde ich durch deine Gnade und ständige
Anwesenheit
eine saubere, reine Küste werden,
befreit von jeglichem Unrat.
Wenn die Not – Sand in *deinen* Händen –
dauerhaft in mir wohnen wird,
dann wirst *du*, Herr, mit der Ungestümheit
eines Wildpferdes,
von den Tyrannen – den Zerstörern des
geistigen Ziels des Menschen – unbezwungen,
du Herr, mit der Sanftheit eines Pferdes,
das des Menschen Freund ist,
wirst erscheinen und die Ketten des einst
Gefangenen zerstören,
der von da an Gott auf ewig liebt.
Du Herr, mit deiner ausdauernden Kraft,
wirst deine starke Hand demjenigen reichen,
der die Fäden des Netzes zerreißen will,
das die eigene Unwissenheit gewebt hat.
POYEL, siegreiche Säule,
die ich aus dem Meeresschaum
emporsteigen sehe,
laß mich siegen, laß mich das Schlechte
besiegen.

Du unterstützt das himmlische
Sternengewölbe.
Und so kann ich auch dich sehen, Herr.
Laß mich unverletzt aus meinen Schatten,
aus meinem Leid heraustreten;
unterstütze mein neues Bewußtsein,
mein neues Wesen.
Herr! Laß deine Kraft schöpferische Worte
in meinem Munde und in meinen Gesten,
in meinen Handlungen werden.
So wie der Wind dem Meer den Schaum
entreißt,
löse, Herr, aus meiner Seele,
alle Verkrustungen,
die dein Licht nicht getreulich widerspiegeln.

Amen

15

Zur Heilung *von Krankheiten, Unwohlsein, Schwächen oder Unfällen, die die Bauchhöhle (den Unterleib), die Milz und die Leber betreffen sowie von Blinddarmentzündung, Bauchfellentzündung, Typhus, Cholera, Lähmungen, bei Operationen und frühzeitigem Altern und jeder Krankheit, deren Ursache nicht eindeutig geklärt werden kann*

Wir wenden uns mit dem folgenden Gebet an Yeialel, einen *Engel der Erzengel:*

> Engel Yeialel, Gott, der während des Kampfes beschützt!
> Herr, bewaffne meinen Arm mit deiner Gerechtigkeit!
> Mein Herz will Deinen Vorsätzen treu sein!
> Befreie mich und meine Umgebung von Traurigkeit und Sorge!

Engel YEIALEL, seit Anbeginn meiner
Existenz bin ich auf der Suche nach dir,
um mich in deiner Transparenz,
in deiner durchscheinenden,
kristallenen Klarheit zu reinigen.
Herr! Spürst du das heftige Klopfen meines
orientierungslosen Herzens,
das auf der Suche nach deiner Quelle ist?
In dir, YEIALEL, kann ich die Siegeswaffen
finden,
die mich dazu führen werden,
im Einklang mit deinem Gesetz zu leben.
Heute reite ich, besiegt und immer noch
unglücklich,
auf dem Pferd meiner Bitterkeit.
Herr, befreie mich von meiner Melancholie!
Der Schmerz meines Leidens
verurteilt meinen Körper zu Krankheit,
und meine Seele leidet nun unter dem
Karma, das im Zuge meiner Verirrungen
und meiner Fehler
entstanden ist.
Angespornt, angetrieben und angestachelt
durch meine Wut, o Ewiger,
habe ich meine inneren Krieger
bereitgestellt, um sie
auf den Eroberungszug des Materiellen,
des Vergänglichen, des Flüchtigen

zu schicken.
So unbesonnen und naiv, wie ich war, und
durch meine unkontrollierte Leidenschaft,
habe ich Verwirrung um mich herum
gestiftet.
Ich habe meine Hand gegen deine Regeln
erhoben,
habe die Vereinbarungen mit meinen
Brüdern verletzt.
Ich habe das Böse in mir herausgelassen,
das in der Tiefe meines Abgrundes
schlummerte;
ich habe Leere gesät,
wo Verständnis und Zuneigung sein sollten.
Und auf dieser traurigen und bitteren Reise,
die so irreführend, schwierig und verwirrend
war, ... habe ich dich endlich gefunden!
In dem Bewußtsein, diesen unbedeutenden
Krieg verloren zu haben,
lebe ich nun mit dieser bitteren Niederlage,
sterbe ich, von diesen Schmerzen umgeben,
die mich aufzehren;
und ich möchte zurückkehren,
zurück an den Anfang,
zu dir, Engel YEIALEL.
Herr! Ich bitte dich, meine Tränen zu
trocknen,
mich zu trösten, mich zu stärken,

meine Wunden zu heilen und meine Fehler
aufzulösen.
Mach mich zum Ritter deiner göttlichen
spirituellen Schar;
gib mir die Urkraft,
die dieselbe ist, die deine Armeen besitzen,
damit ich mit neuem Schritt voranschreiten
kann.
Niemals mehr werde ich Zwietracht
in mir selbst tragen.
Ich werde deine Regeln und deine Gebote
immer tapfer und freimütig verteidigen.
Ich werde in mir einen Tempel errichten,
dich zu ehren,
und dein heiliger Name YEIALEL
wird mein Schild sein,
das Schutzschild für ein Herz, das in deiner
Gerechtigkeit leben möchte.
Von nun an wird *dein* Schwert
die Waffe meiner Gedanken sein und
niemals mehr eine zerstörerische Klinge.
Mach aus mir einen Ritter der Gerechtigkeit,
zu Diensten Gottes und des Nächsten,
Paladin des Sieges der Vorsehung,
des Guten, des Friedens und des Glücks.
Ich werde meine zerrissenen Kleider, meine
Lumpen, meine falschen Juwelen
in Kleider des Lichtes,

deines Lichtes verwandeln!
Ich werde den ganzen Schmutz des
Schlechten, der an meiner Haut klebt,
abwaschen,
unterwegs auf deinen Pfaden,
die voll von Brunnen,
von Quellen mit wundertätigem Wasser sind,
die reinwaschen und heilen.
Ich werde voller Kraft und Mut und
mit aller Heftigkeit
diesen alten Drachen bekämpfen, den ich
einst genährt habe
und der mich immer noch in seinem
verderblichen und dunklen Rachen festhält!
YEIALEL, erhöre mein Gebet, Herr!
Denn von deiner erhabenen Güte
hängt der Sieg meines geistigen Ringens ab.
Erleuchte mich mit deinem göttlichen Licht,
damit ich ein eifriger Verfechter deiner
göttlichen Vorhaben bin,
denn sie sind auch die meinigen!
Beschütze mich, o Ewiger, vor mir selbst!

AMEN

16

ZUR HEILUNG *von Krankheiten, Unwohlsein oder Schwächen, die die Lunge, die Bronchien, die Luftröhre (Luftröhrenentzündung) und die Thymusdrüse betreffen, zudem für die kapillaren Blutgefäße und bei Nervosität*

Wir wenden uns mit dem folgenden Gebet an MITZRAEL, einen *Engel der Erzengel:*

> Engel MITZRAEL, Gott, Quelle der
> Wandlungen!
> Weisheit, die zur Wiedergutmachung
> von inneren Konflikten führt!
> Schaffe Ordnung, o Ewiger,
> in meinem inneren Chaos!
> Befreie meinen Geist, gefesselt,
> verborgen und unterdrückt
> von dem schweren Joch meiner
> verirrten Gefühle.
> Beruhige meinen Geist,
> und inspiriere mich

in all meinen Handlungen,
damit ich alle zukünftig auftretenden
Martyrien besiegen kann,
damit ich siegen kann,
wenn ich gequält werde von Gefühlen
und Wünschen, die die Ziele meines
Selbst
entstellen und verfälschen.

Engel MITZRAEL, der Klang deines heiligen
Namens, seine Schwingung,
umhüllt meine Seele, wie ein angenehmer,
sanfter und fein duftender Mantel,
der Mantel deiner kristallenen und
glänzenden Wesenheit.
Dein erlösender Duft trägt das klare und
lebendige Bild der inneren Wandlung
bis zu mir.
Deine spirituelle Gegenwart in meinem
gramen Herzen versüßt die Qual
meines so erschöpften Geistes!
Deine Gegenwart ist wie eine zärtliche
Liebkosung,
wie das morgendliche Zartrosa der heißen
Sommertage,
wie ein wundersamer Balsam, der wie ein
Allheilmittel alle Leiden der Seele und des
Körpers heilt.

Du bist die klare Luft am Morgen und die leichte Brise am Abend,
rein und erfrischend.
Du stärkst den geschwächten
Kreislauf meines Blutes, entkräftet
von unsinnigen vergangenen Handlungen,
die meine jetzige Inkarnation
vergiften.
Doch nun bist du da!
Du bist da, wenn ich dich anrufe,
mit deiner unerschöpflichen Kraft,
die erneuert und wiederherstellt!
Für *dich*, Herr,
weil ich mich durch dich für das Leben entscheide,
treibe ich Knospen, gedeihe ich aus meiner verhöhnten, geächteten Erde,
wie ein neues Samenkorn, wie guter Samen.
Ja, ich werde wiedergeboren, und ich entdecke ...
Ich entdecke *dich*, und eine neue Lebensweise kommt ans Tageslicht,
wird sich entwickeln.
Herr MITZRAEL, als ich begann,
deinen Weg zu gehen,
habe ich dein Vorhaben falsch verstanden,
habe ich mich verirrt und den ersten Schritt verpaßt,

der mich mit *dir* verbindet,
ich habe den Anspruch meiner geistigen
Arbeit unterschätzt.
Es ist gerecht, Herr, daß ich die Früchte nun
erhalte,
die fesseln und Schmerzen verursachen;
Dornen, die meine Hände aufreißen
und mein schmerzendes Herz bluten lassen,
das von nun an erleuchtet ist und vor Licht
und Liebe überfließt!
Ich erlebe, ich erleide meine Irrtümer.
O Ewiger, ich bitte dich, mein verwirrtes
Bewußtsein zu erneuern,
denn als *ich selbst*, als der Mensch, den du
mit deinen eigenen Händen erschaffen hast,
werde ich meinen Brüdern, meinen Nach-
kommen helfen können,
die Last zu tragen, die sie unschuldig
auf ihren schwachen Schultern
durch meine Fehler aushalten müssen.
Ich möchte, Herr, meine Irrtümer und meine
Fehler berichtigen,
um mich von meinem vergangenen Karma
zu befreien.
Die schmerzhafte Kristallisierung, die ich
zur Zeit durchlebe,
ist die Erfahrung, die mir bewußt macht,
was *wahr* ist, was *wirklich* ist!

Und in all dem bist du unwiederbringlich
präsent,
auf deinem göttlichen Thron der Wieder-
gutmachung, der Genesung!
MITZRAEL, schenke mir deine Sträke,
deine Kräftigung,
stärke meinen Geist.
In diesem brudermörderischen Kampf, den
ich selbst ausgelöst habe,
zwischen dem ältesten
und dem jüngsten Bruder,
zwischen dem *Spirituellen* und dem
Materiellen,
zwischen dem Erhabenen, das mich erhebt,
und dem Niederen, das mich in eine
bedrohliche Leere verfallen läßt,
befreie mich endlich von diesem Wahnsinn,
in dem ich nur den Leidenschaften
gehorche.
Befreie mich von den Vorstellungen, den
Gedanken und den Wünschen,
die gegen die guten Sitten verstoßen.
Schenke mir, o Ewiger, ein glückliches
gesundes und langes Leben,
erfüllt von neuen Hoffnungen,
von neuen Freuden!
Schenke mir, Herr, den Sieg über mich selbst,
und ich werde dir in aller Bescheidenheit

meine Werke anbieten,
die unaufhörlich von *dir*, meinem Retter,
sprechen werden!
Herr, bestärke mein Dasein durch deinen
Atem,
und meine Seele, befreit von dem
bedrückenden Teil meiner selbst,
wird zu dir, bis zu dir aufsteigen,
um dich zu bitten,
Kraft über meine sterbliche Person zu
verbreiten,
damit ich das Gesetz,
das ich überschritten habe,
wiederherstellen kann;
mach aus mir, Herr,
vor allem
einen gerechten Menschen!

AMEN

17

ZUR HEILUNG *von Krankheiten, Unwohlsein und Unfällen, die Arme, Hände und die Schultern (Muskeln und Knochen) betreffen*

Wir wenden uns mit dem folgenden Gebet an ANAUEL, einen *Engel der Erzengel:*

> Engel ANAUEL, Gott, der die Sünder
> und Sünderinnen segnet!
> Herr, der erleuchtet und zurück
> zum Vater führt!
> Laß deine Ausstrahlung der Leuchtturm
> für mich sein,
> der meinen auseinanderstrebenden
> Willen
> zur inneren Einheit und zum Frieden
> geleitet!

Engel ANAUEL, Herr, ich habe das Buch meiner Geschichte durchblättert. Ich habe verschiedene Wege in meinem Leben beschritten und nun meine Bilanz

gezogen: Soll und Haben,
und ich habe festgestellt, Herr, bis zu
welchem Punkt und mit welcher Leichtigkeit
ich auf dem breiten und dennoch
verschlungenen Weg des Irrtums gereist bin.
Im Namen meiner Freiheit, habe ich andere
zu Sklaven gemacht.
Ich habe nicht gezögert, für meine Befreiung
Angst und Schmerz bei anderen auszulösen!
Ich habe meine Fehler in Lichtgewänder
aus falschem Schein gehüllt und habe mich
so falscher Mittel bedient.
Ich habe das Gift der Verwirrung
nicht nur in mein schlummerndes
Bewußtsein,
sondern auch in das Bewußtsein meiner
Mitmenschen geflößt,
um auf diese Weise ihren steinigen Weg
zum Licht zu erschweren.
Herr, weil meine Irrtümer stockfinstere
Nacht für mich waren
und Dunkelheit für andere,
weil meine Bestrebungen mich nicht mehr
richtig sehen ließen,
mich blind gemacht haben, und weil ich bei
anderen Besorgnis gesät habe,
gib mir das Licht deiner göttlichen
Gegenwart,

und mach aus mir einen strahlenden Stern,
der dem Reisenden leuchtet.
Herr ANAUEL, ich möchte Wasser für
den Durstigen und Brot für den Hungrigen
sein;
ich möchte das große Feuer sein,
das wärmt und das das Herz
des Ungläubigen erhellt;
ein reinigender Fluß für den, der auf der
Suche nach der Wahrheit ist.
Ja, Herr! Denn wenn ich mich in *dir* sehe,
wird meine Seele von jeder Sünde,
von jeglichem Schmutz befreit,
denn du bist mein Spiegel; du hast den Mut,
mein wahres Bild widerzuspiegeln.
Ich werde aus mir wieder den Menschen
schaffen, der ich sein sollte
und der ich sein möchte,
denn wenn ich *ich selbst* bin,
wenn ich mein tatsächliches Wesen
wiedergefunden habe,
das mich mit unauflösbaren Bändern der
Freundschaft verbindet
mit meinem wahren ewigen inneren Sein,
dann werde ich den Weg nach Hause
wiederfinden,
den Weg der Rückkehr in *mein* Heim,
nach Hause!

Und auf diesem Weg der Rückkehr wird das Leid wie Schnee in der Sonne schmelzen!
Dieses Leid, *mein* Leid, das bereits durch den Schmerz meiner Reue schmilzt.
Ja Herr, eines Tages habe ich den Vater um mein Erbe gebeten und mein Zuhause verlassen,
um in dieser Welt seine Gnade und seine Güte zu verbreiten.
Nun ist der Irrtum Fleisch von meinem Fleisch geworden,
nun hat meine fehlende Beziehung
zum erhabensten Teil meiner selbst
aus mir einen schwachen und kranken Menschen gemacht.
Und ich erleide in diesen Schmerzen den Schmerz deiner Abwesenheit!
Im Augenblick bin ich eine Marionette,
gefangen in den Fäden des Schicksals,
grausames Schicksal, das ich mir selbst
durch meine Irrtümer und meine Unvernunft geschaffen habe.
Doch nun, Herr, da mein Bewußtsein erwacht ist,
da ich die täuschende Welt, in der ich mich befinde, durchschaut habe,
nun, möchte ich *ich selbst* sein
und den Weg von neuem und richtig

beschreiten.
Ich möchte alles mit Entschlossenheit noch einmal beginnen;
ich schreite voran mit ganz neuer Energie,
und an diesem neuen weiten Horizont, den ich mir gesteckt habe,
bist du.
Ich finde in dir *inneren Frieden,*
meine Gesundheit und meine Lebensfreude,
und in der Ruhe,
die ich im Innersten fühle,
erkenne ich deine Kraft und dein Wesen.
Herr ANAUEL, sei von nun an
die lebendige und treibende Kraft in meinen Gliedern,
denn nur so können meine Arme sich erheben,
um zum inneren Ort zu weisen,
wo du deine Wohnstatt hast.

AMEN

18

ZUR HEILUNG *von Krankheiten der Haut und der Haare sowie zur Heilung von Arthritis, Gelenkrheumatismus, Sklerose, Knochentuberkulose, Gelenktuberkulose, von sehr starken Zahnschmerzen, Gicht, Hysterie, Wundbrand, Kinderlähmung und anderen Lähmungen*

Wir wenden uns mit dem folgenden Gebet an den Engel MANAKEL:

> Engel MANAKEL, Gott, der vor allem Schlechten bewahrt!
> Gott der Gesundheit!
> Herr!
> Du besitzt die Geheimnisse des Guten und des Schlechten.

Du bist das Wissen.
Du bist der Träger der leuchtenden Fahne der tatsächlichen Erkenntnis, beständig und dauerhaft!

Überflute meinen Körper mit deinem Wesen,
mach aus mir einen grünenden Obstgarten.
Wenn du der Wind bist,
möchte ich der Ast sein, den du streichelst,
wenn du den Wald durchquerst.
Wenn du ein Feuer der Schöpfung bist,
werde ich das trockene Holz sein, das durch
deine Hitze brennt.
Herr! Ich möchte das Kreuz sein, das auf
dem Berg errichtet wird.
Ich möchte meine Seele erheben
über die Nebensächlichkeiten des
materiellen Lebens,
ich möchte endlich ein wahrer Schüler
werden!
Ich möchte meinen toten Geist auferwecken
und so meine wahre Identität
zurückgewinnen.
Bis zu diesem Zeitpunkt, Herr, bin ich
hartes Gestein gewesen,
ein unfruchtbares Feld, eine Wüste,
Sinnlosigkeit.
Mein Herz hatte sich verhärtet,
ich war für den Schmerz der anderen,
meiner Brüder, gefühllos.
Aber zur Zeit, inmitten der unendlichen
Weisheit des Schöpfers,
mache ich selbst die Erfahrung des

Schmerzes:
des Schmerzes!
Mein ganzer Körper schreit,
ängstlich und besorgt,
angesichts dieser egoistischen
Gefühllosigkeiten.
Ich danke dem Ewigen, daß er mir wieder
die Fähigkeit zu empfinden gegeben hat,
denn durch das Erleiden meines eigenen
Schmerzes
und nach so viel Verzweiflung
bin ich dir begegnet,
dir!
Du, der du meine Gedanken mit deinem
Lichte erleuchtest;
klares Licht, das mein Herz wie
süßer Nektar durchdringt: mit Liebe!
Ich sterbe in der Welt, aber ein neuer Geist
wird mir geschenkt,
und hier bin ich, Herr, neu, wieder belebt,
Hoffnung Gottes, und
Gott ist meine Hoffnung,
und ich verstehe ... ich begreife und ich
höre ...
und ich akzeptiere mein Leid als Folge
von Fehlern, die ich beging,
und mein Herz schlägt vor Freude,
weil von neuem ich

zu schwingen vermag!
Ich bitte dich, Herr, nicht nur
um diese wertvolle Gesundheit, sondern
auch um die Fähigkeit,
mein Dasein, so wie es ist,
anzunehmen,
denn ich weiß, daß ich auf diese Weise die
wahre Schau der menschlichen
und göttlichen Dinge wiederfinden werde.
Nun weiß ich, göttlicher MANAKEL,
welchen Sinn mein jetziges Dasein hat:
meinen *geistigen Ursprung* wiederzufinden.
Denn durch *dich* werde ich
den verlorenen Weg zum Paradies
wiederfinden;
ja, ich weiß nun, daß ich nach so viel Leid,
Tränen und Unannehmlichkeiten,
die Tür zum Glück, die Pforte zum Himmel
finden werde,
offen für alle Reisenden, für alle Wanderer
auf der Suche nach dem Wesen des
Ewigen Vaters.
Ich danke dir, Herr, daß du in meinem
Inneren verbleibst, wie ein süßer Traum.
Ich bitte dich nur um eins, MANAKEL,
erleuchte immer die Gedanken und
die Pfade meines Daseins,
damit meine Augen meine Füße nicht

vom Weg abbringen,
den ich beschreiten muß.
Mach aus mir einen Menschen,
den göttlichen Grundsätzen treu.
So sei es.

AMEN

19

ZUR HEILUNG *von Schlaflosigkeit, bei Einschlafschwierigkeiten und bei Alpträumen*

Wir wenden uns mit dem folgenden Gebet an den Engel EYAEL:

Engel EYAEL, Gott, der vor jeglichem
Unglück beschützt!
Laß dein besänftigendes Wesen in
meinen Geist fließen!
Hilf mir, die geistigen Gaben,
die der Ewige
mir gewährt hat, zu verbreiten!
Gib mir die Ruhe, die ich in meinen
Nächten nicht finde,
erschöpft durch die Schlaflosigkeit,
zerfressen von Sorge und Angst und
der anklagenden Qual meiner Irrtümer.
Mildere das Gesetz, Herr, lindere
die Enttäuschung, die
mein Inneres bewegt und erstickt.

Engel EYAEL, großzügiger geistiger Begleiter,
ich bitte dich, in meinem Inneren so zu
wirken,
daß durch deine spirituelle Erneuerung
in mir ein neuer Mensch entstehen kann,
befreit von seinem alten Karma.
Laß meine innere Haltung
und die Wünsche meines Herzens
in Einklang arbeiten,
mit einem einzigen Ziel:
dem Ziel, deinem göttlichen Vorhaben,
dem Frieden und dem Glück zu dienen.
Mach mich stark; menschlich, aber *stark*,
damit ich das Wahre und das Falsche
erkennen kann,
ohne jemals zu verurteilen.
Ermögliche mir, Herr,
in meinem täglichen Leben
Zeugnis deines Werkes abzulegen.
Niemals wird aus meinem Mund ein Wort
gegen dich kommen,
niemals wird meine Einstellung meinen
Bruder verurteilen,
damit ich daraus geistige und materielle
Vorteile erzielen kann.
Ich bitte dich, Herr, mich auf den Weg
der Weisheit, der Erkenntnis zu führen,
die verborgen ist unter deiner

äußeren Form, der Welt.
Mach aus mir einen gerechten und weisen Menschen,
der sich auf den Weg der Tugend,
aus dir hervorgegangen,
einläßt.
Zeig mir deinen Thron der Herrlichkeit,
o Ewiger!
Denn dein Bild reicht aus, um meine Seele
von materieller Knechtschaft zu befreien.
Inspiriere mich, Herr, um mich von meiner geistigen und menschlichen Einsamkeit zu befreien.
Dein Wort heilt, so wie ein allmächtiges Heilmittel,
und zieht hinauf zu den Höhen der göttlichen Grundsätze.
Mach aus mir einen Träger der Harmonie,
denn sobald mein Geist dein Gleichgewicht
verinnerlicht hat und ausstrahlt,
wird mein Körper die Lebensfreude
wiedergewinnen.
Der Optimismus wird die
Kampfkraft sein,
die meine Lebensströme erneuert
und die mir ermöglicht, meine Energie rückzugewinnen,
durch den belebenden und kräftigenden

Schlaf,
durch den Schlaf, der mir regelmäßig
ermöglicht,
mit *dir*, mit den himmlischen Mächten, in
Verbindung zu treten.
Herr, überflute mich mit den Geheimnissen
deiner Weisheit,
damit ich handelnder Teil deines Werkes
sein kann.
Schenk mir die Energie, die mich befähigt,
den weltlichen, profanen Vergnügungen zu
entsagen.
Wenn deine Hand meine Brust berührt
und wenn die meine dein Licht berührt,
wird in mir der völlige Beweis deiner Liebe
sichtbar.
Durch dich werde ich die Geheimnisse des
Universums erkennen
und auf diese Weise mich selbst
kennenlernen.
Wenn du meinen Weg erleuchtest,
werde ich die göttliche Absicht, die mich
zum Vater führt,
entdecken.
Gib mir dein göttliches Wesen ein,
denn dadurch werde ich das spirituelle Ziel
erreichen,
das mein Selbst ersehnt,

das Ziel, auf ewig mit *dir* vereint zu sein!
Herr! Öffne deine göttlichen Ohren für die
Stimme meines Ichs!
Stelle die Ruhe in meinem Körper
wieder her,
indem du meinen Geist mit deiner Gnade
erleuchtest!

AMEN

20

ZUR HEILUNG *von Kopfschmerzen, Migräne, Gehirnschlag, Epilepsie, Entzündungen, Schlaganfall, Fieber, verschiedenen Arten von Ausschlag sowie zur Heilung von Verletzungen und Wunden jeglicher Art*

Wir wenden uns mit dem folgenden Gebet an HABUHIAH, einen *Engel der Engel:*

> Herr HABUHIAH, Gott, der unsere
> inneren Konflikte löst!
> Friedenbringender Gott, der
> dem Organismus neue Kräfte verleiht,
> der durch die Übertretungen des
> Gesetzes
> Schaden genommen hat!

Herr HABUHIAH, da der Weg, den ich
bis hierher beschritten habe,
sich außerhalb *deines* Gesetzes befand,
ist es klar, daß ich die Ernte dessen
empfange, was ich gesät habe.

Mein Körper, fruchtloser und öder Boden,
wird von Krankheit heimgesucht.
Seit sehr langer Zeit erhebt sich die Sonne
nicht mehr über meiner Seele!
Seit sehr langer Zeit mildert die sanfte Brise
deines Atems
nicht mehr die Wunden meines Geistes, der
den Leiden ausgesetzt ist!
Wieviel Schmerz und Sorge!
Wieviel Dunkelheit in meinem Dasein!
Wie lange noch, Herr HABUHIAH, werde ich
ohne deinen Atem sein?
Wenn du nicht da bist,
bin ich ein Wesen, das von den himmlischen
Welten entfernt lebt,
eine Seele in der Verbannung,
ein Reisender auf Pfaden, die sich durch die
Welt des düsteren Lebens schlängeln.
O wie unergiebig sind all meine
Unternehmungen!
Ich kann meine Heimat nicht finden, Herr!
Wo kann ich mich ausruhen, wo kann ich
meine Unruhe besänftigen?
Ich suche nach Frieden und Stärkung,
damit ich meine inneren Kriege beenden
kann,
doch gibt es keinen Waffenstillstand, Herr.
Ich bin der Paria, der Sklave meines eigenen

weltlichen Ego,
Schuldner meines göttlichen Selbst,
und mein Inneres stirbt,
erlischt, denn was bedeutet leben,
was bedeutet existieren!
Nichts! Wenn der Geist nicht den Körper
lenkt.
Auf dieser unvorhergesehenen und
zufälligen Reise des Lebens
suche ich *deine* Gnade,
verloren in meinen Abenteuern,
Irrtümern und Fehlern der Vergangenheit;
und deshalb stelle ich mir die Frage, ob ich
nicht nur ein fruchtloser Garten bin
oder ein fruchtbares Feld, doch von
schweren Plagen verwüstet?
Ach, Herr! Meine Klagen sind auch deine
Klagen,
meine Tränen sind auch deine Tränen der
Hoffnung,
mein Schmerz ist dein Leid,
und meine Freude ist deine Gnade, die
heilend über mein geplagtes Haupt strömt.
O Herr! Göttlicher Engel HABUHIAH!
Finde mich!
Komm, um mir zu begegnen!
Auf meiner Suche nach geistiger und
körperlicher Gesundheit

bin ich ohne dich, ohne deine Führung
verloren.
Ich habe durch meine Fehler und meine
Irrtümer
einen blühenden Garten in Brachland
verwandelt.
Ungeziefer und Schädlinge
haben meine Werke zerstört;
wucherndes Unkraut ist in meine
Wohnstatt eingedrungen.
Doch habe ich volles Vertrauen in *dich*!
Denn ich weiß,
daß deine göttliche Vorsehung
in mir wirksam wird, sobald meine
Hoffnung erwacht,
und ich weiß, Herr, daß du meine
Begierden milderst, das Gleichgewicht
und die Gesundheit wieder herstellen
kannst,
selbst in den Fällen, die *hoffnungslos*
erscheinen.
Du schenkst Frieden dem Geist,
vertrieben von seinem Thron.
Ich weiß, daß du mir die Fähigkeit geben
wirst, mein Leben in Harmonie mit
deinem göttlichen Wesen zu bringen,
um so in die gewaltige und glänzende
Herrlichkeit deiner Einheit einzutauchen,

damit ich von neuem
mit dem ganzen Universum
mitschwingen kann!
Ich möchte wieder Gesetz und Ordnung sein
und, wenn mein ganzes Inneres *in Einklang*
mit dem göttlichen Willen ist,
wird Gesundheit wie eine Sonne in
mein Inneres strahlen!
Herr HABUHIAH, erhöre mein Gebet!
Ich lasse in *dir* meine Hoffnung ruhen,
mach durch deine Gegenwart
aus mir
einen vollkommen gesunden Menschen!

AMEN

21

Zur Heilung *von geistigen Krankheiten: Gedächtnisverlust im Alter, Neurosen, Psychosen, Geisteskrankheiten*

Wir wenden uns mit dem folgenden Gebet an den Engel Jabamiah:

Engel Jabamiah, erzeugendes Wort!
Schöpferisches Wort!
Herr, in *dir* wohnt die Kraft,
die Verdorbenes erneuert.
Wiederbelebe und erwecke
durch deinen erlösenden Atem
meine geistige Natur und
die Welt meiner Gefühle.
Laß mein Höheres Selbst alles
Niedere in mir unterwerfen.
Erlaube mir, ein Tempel zu werden,
der dich beherbergen kann.

Engel JABAMIAH, Herr, ich wandere von einem Punkt zum nächsten in meinem Dasein,
verloren in der Umklammerung meiner Unwissenheit;
nichts ist beständig, stabil und von Dauer in meinem Leben,
nicht einmal mehr meine alten Überzeugungen.
Ich sehe den fortschreitenden Verfall
von allem, was mich umgibt.
Ich habe Angst, und eine starke Unruhe macht sich in mir breit.
Ich habe Leben für Leben daran gearbeitet,
dieses Bauwerk – meinen Körper –
zu errichten,
das nun in Trümmern liegt,
schwach und krank ist,
in deinem Angesicht.
Ich habe den Weg verfehlt, der mich deiner unendlichen Gegenwart näher brachte!
Heute reicht der leichteste Windhauch aus,
um zu Staub zu machen,
was einst meine Würde war,
nicht nur unter dem forschenden Blick der Menschen,
sondern auch aus kritischer Sicht meines eigenen, persönlichen Anspruchs.

Ich habe niemals meine Gärten,
mein inneres Heiligtum genutzt,
das bestimmt war der Gegenwart und
Verehrung deiner heiligen göttlichen Natur.
Ich habe meine Großzügigkeit und
meinen Einfallsreichtum verschwendet,
aufgrund von Absichten, die den erhabenen
Gedanken feindlich gesonnen waren.
Wie töricht! Wie dumm!
Mit übernommenen, gottlosen Ideen,
die nicht mein eigen waren,
habe ich die kleinen ewigen Lichter,
die in mir brannten, entzündet durch die
lodernde Flamme deiner ungeheueren Liebe,
erstickt und ausgelöscht.
Der Tod meines Geistes, meiner Spiritualität
rückte näher ...
Doch als alles in mir sich dem Untergang
näherte,
da bemerke ich ein neues und
strahlendes Licht!
Eine geistige Wiedergeburt steht bevor ...
Mein altes, fehlgeleitetes Wesen schien einst-
mals für deine erneuernde Stimme
unempfänglich zu sein,
doch antwortet es wieder auf den vollen
Klang deines Geistes!
Heute singt er für mich,

der Hahn, Verkünder eines *neuen* Tages,
wie es einst Petrus tat.
Für meine leidende Seele
ist sein Ruf das Ankünden der
herrlichen Morgenröte, die der Himmel mir
schenken wird.
Dieser *neue* Tag, der unter deinem Schutz
beginnt,
zerstört, vernichtet die alten Gemäuer,
die meine Seele gefangenhielten
mit vergifteter Weisheit, die aus meinem
Herzen einen Stein machten,
unempfänglich für deinen so süßen Ruf!
Ewiger, ich stille meinen Durst in der Quelle
deiner Reinheit,
dem klaren und kristallenen Wasser,
das aus mir, aus meiner Seele die
Bitterkeit meiner Irrtümer hinwegspült.
Von nun an, Herr!
Von diesem Augenblick an,
möchte ich dein lebendes Wunder sein
und gläubig Zeugnis *deiner* Kraft ablegen,
dieser Kraft,
die das unedle Metall ohne Wert
in spirituelles Gold verwandelt:
wertvoll, geschätzt, geliebt!
Ich möchte,
daß alle durch mich lernen, daß,

selbst wenn die Krankheit meinen Körper
zerfressen hat und wenn meine Seele,
schon fast gefühllos, in Sünde gefangen ist,
daß es mir genügt, deinen heiligen Namen
JABAMIAH anzurufen!
Damit sich die Reinheit meiner bemächtigt,
um meinen Körper zu heilen und wiederher-
zustellen
und um meinen Geist zu befreien und
leuchten zu lassen.
Herr JABAMIAH, erlaube mir, mich im
strahlenden Lichte deines Goldes zu baden!
Laß dein Feuer in mich eindringen, das
leuchtet ohne zu verbrennen!
Herr, ich möchte zum alchemistischen
Gefäß werden,
in dem Unvollkommenes zu
neuer Gestalt wird.
Mach aus mir einen getreuen Schmied
deines Wesens in mir
und in allen anderen Menschen.

AMEN

22

Zur Heilung *von Magenbeschwerden, Blähungen, Wassersucht, Tumoren, Depressionen und nervlicher Erschöpfung*

Wir wenden uns mit dem folgenden Gebet an den Engel Mumiah:

> Engel Mumiah, Gott, Überbringer des
> Schlüssels des Universums!
> Ewiger: Öffne mir die Wege zur
> Ewigkeit,
> entzünde dein strahlendes Licht
> in meinem Inneren;
> Herr, schließe die Tür,
> die mir die Schatten
> des höllischen Abgrundes zeigt!
> Dein Leben in mir,
> o du, göttliche Tugend,
> erwecke all meine Sinne
> für die Spiritualität! Laß mich
> deinem Glanze treu sein!

Engel MUMIAH, angesichts deiner
beglückenden Hilfe
und deines Beistands für die Geschwächten
verflüchtigen sich die dämmerhaften
Schatten der unbeständigen Seelen;
es wird Tag, die Morgenröte erscheint!
Der Tag bricht an, langsam und unmerklich.
Leuchtende Morgendämmerung,
wenn du mit dem Morgenstern erscheinst,
mit deinem sanften Licht,
das ihm Leben verleiht,
wird die Nacht und mit ihr auch
die Laster vergehen, die entfesselt wurden
durch Leidenschaften und menschliche
Nichtigkeit –
blindmachende Nichtigkeit, Knebel,
der den Geist erstickt,
finstere, bleischwere Kappe, die das Denken
gefangenhält,
die Wahrheit verschleiert
und den Irrtum begünstigt.
Doch deine ermutigende Kraft, MUMIAH,
frische Flut von reinem Wasser,
erfüllt meine Glieder, die geschwächt
waren durch meine sinnlosen Handlungen,
mit Energie,
und durch dich wird meine Seele,

erfüllt von deinem belebenden
Elixier der Wiedergeburt,
siegreich auferstehen.
Mein Geist, bis zu diesem Zeitpunkt gequält
und beinahe leblos, besiegt von den
Versuchungen des Fleisches,
stürzt sich mit Liebe und Mut in reinigende,
belebende Taten
voller Hoffnung und Freude.
Als mein Dasein sich dem Ende fast näherte,
als sich das Buch des Lebens schon
schließen wollte,
und hier und dort der Traum des Todes
am Horizont erschien,
kamst du, mit deinem Regenbogen der tiefen
Hoffnung,
Bote des Bündnisses der ewigen Vorsehung,
und ließest den Sterbenden von seiner
Tragbahre aufstehen, um ihm
neues Leben für die Zukunft einzuflößen.
Neue Vorhaben und neue Wege werden dem
müden, geschwächten und abgekämpften
Reisenden angeboten.
Das Unglück wird sich
durch *deine* tatkräftige Gegenwart in mir
verflüchtigen.
Eine herrliche Atmosphäre der Ruhe und des
Glücks,

das höchste Gefühl des Friedens
wird meinen rastlosen Geist umgeben
und ihn vorwärts treiben
auf Entdeckung
nach neuen Lebenserfahrungen.
Und so, Herr, da die früher begangenen
Sünden verziehen und vergessen sind
und die übertretene Ordnung von neuem
hergestellt ist,
alle Wunden, die meine Seele schmerzten,
schließlich geheilt sind,
verwirkliche ich meine Reinigung durch das
Eintauchen in deine
reinigende göttliche Essenz,
damit auch die Leiden meines Körpers
geheilt werden.
MUMIAH, Vater aller Grundsätze,
der du immer das Ende ankündigst,
die *Endhaltestelle* aller Dinge,
laß mich mein Leid beenden, und
lenke meine Schritte zu neuen Wegen,
von dir gewiesen.
Führe mich zu einem neuen
friedlichen und glücklichen Horizont,
auch für mein Selbst,
den *göttlichen Funken* in mir,
angenehm!
Begleite mich, o höhere erhabene Instanz!

Laß mich deinen Weg erkennen, damit ich dir folgen kann.
Behalte mich in *deiner* Nähe und
ermutige meinen Geist!
MUMIAH, inspiriere mich immer,
und zeige mir
meinen Weg!

AMEN

Der Kabbalistische Baum

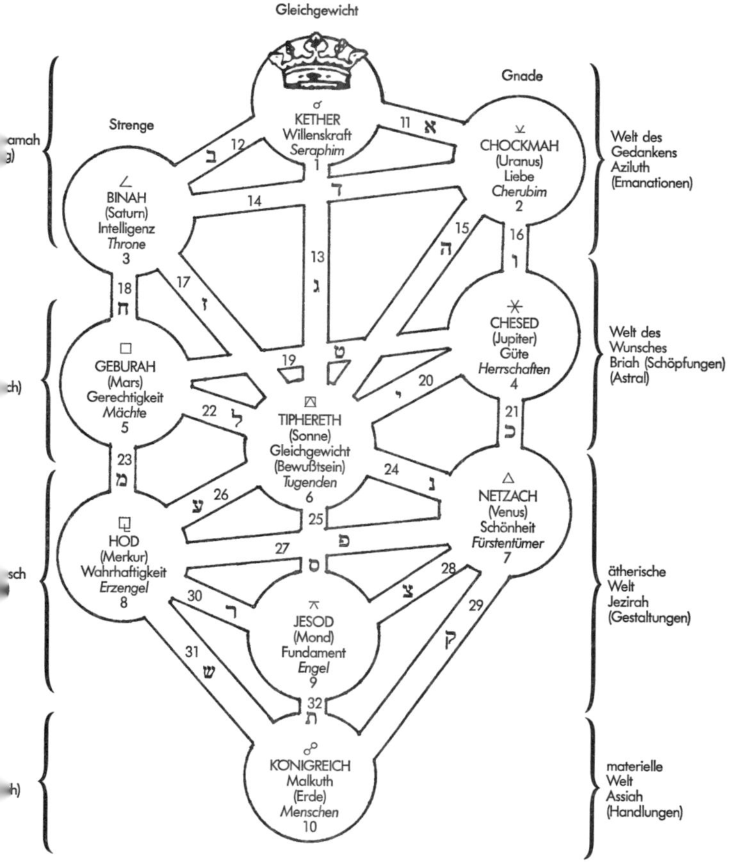

Die 22 himmlischen Energieströme

Gruppe der 22 himmlischen Energieströme, für die es weder unheilbare Krankheiten noch Mißerfolg gibt.
Sie sind durch die Gebete erreichbar und stehen aus reiner Liebe zu unserer Verfügung.

Die 22 Engel, die zur Aufgabe haben, alle, die in dieser Welt krank oder verletzt sind, zu heilen, den Menschen *Gesundheit* und *Lebensfreude* wiederzugeben und ihnen darüber hinaus die unerschöpfliche göttliche Kraft zu gewähren, erkennen wir an ihren Namen (siehe auch meine verschiedenen Werke über die Engel). Sie haben einen *Überschuß* an Kräften, wobei jede dieser Kräfte sozusagen in einem der Buchstaben des *Heiligen Alphabets* enthalten ist.

1	א	*Vehuiah*	Wille
2	ב	*Lelahel*	Licht
3	ג	*Aladiah*	Gnade
4	ד	*Lauviah*	Offenbarung
5	ה	*Melahel*	Heilung
6	ו	*Seheiah*	Langes Leben
7	ז	*Omael*	Entwicklung
8	ח	*Rehael*	Respekt
9	ט	*Sehaliah*	Wille
10	י	*Daniel*	Redegewandheit
11/20	כ	*Hahasiah*	Medizin
12/30	ל	*Nanael*	Offenbarung
13/40	מ	*Nithael*	Rechtmäßigkeit
14/50	נ	*Poyel*	Reichtum und Begabung
15/60	ס	*Yeialel*	Mentalstärke
16/70	ע	*Mitzrael*	Wiedergutmachung
17/80	פ	*Anauel*	Verbundenheit
18/90	צ	*Manakel*	Erkenntnis
19/100	ק	*Eyael*	Erhabenheit
20/200	ר	*Habuiah*	Heilung
21/300	ש	*Jabamiah*	Wandlung
22/400	ת	*Mumiah*	Wiedergeburt

Wir können uns an den 5. Engel der Heilung MELAHEL, den 11. Engel der Heilung HAHASIAH und den 20. Engel der Heilung HABUHIAH wenden, damit Krankheiten oder Leiden, die nicht in den anderen Heilungsgebeten enthalten sind, geheilt werden, wie z.B.:

sehr starker Husten, häufiger Schnupfen, Erkältungen, Keuchhusten, Grippe, Bronchitis, Wechselfieber, Heuschnupfen, Scharlach, Masern, Gicht, steifer Hals, Angina, Mumps, Pocken, Gelbsucht, Nesselausschlag, Neuralgien, Schwindel, Bewußtlosigkeit, schlecht heilende Narben, Wunden, Verstauchungen, schmerzlose Menstruation, Warzen, Beulen, Furunkel, Milzbrand, Pickel, Verbandswechsel etc.

Die Neun Himmlischen Chöre

SERAPHIM			**CHERUBIM**			**THRONE**		
Kether			Chockmah		♅	Binah		♄
1	Vehuiah	♅	9	Haziel	♅	17	Lauviah	♅
2	Yeliel	♄	10	Aladiah	♄	18	Caliel	♄
3	Sitaël	♃	11	Lauviah	♃	19	Lauviah	♃
4	Elemiah	♂	12	Hahaiah	♂	20	Pahaliah	♂
5	Mahasiah	☉	13	Yezalel	☉	21	Nelchael	☉
6	Lelahel	♀	14	Mebahel	♀	22	Yeiael	♀
7	Achaiah	☿	15	Hariel	☿	23	Melahel	☿
8	Cahetel	☽	16	Hekamiah	☽	24	Haheuiah	☽
HERRSCHAFTEN			**MÄCHTE**			**TUGENDEN**		
Chesed		♃	Geburah		♂	Tiphereth		☉
25	Nith-Haia	♅	33	Yehuiah	♅	41	Hahahel	♅
26	Haaiah	♄	34	Lehahiah	♄	42	Michael	♄
27	Yeratel	♃	35	Khavaquiah	♃	43	Veuliah	♃
28	Seheiah	♂	36	Menadel	♂	44	Yelahiah	♂
29	Reyiel	☉	37	Aniel	☉	45	Sealiah	☉
30	Omael	♀	38	Haamiah	♀	46	Ariel	♀
31	Lecabel	☿	39	Rehael	☿	47	Asaliah	☿
32	Vasariah	☽	40	Yeiazel	☽	48	Mihael	☽
FÜRSTENTÜMER			**ERZENGEL**			**ENGEL**		
Netzach		♀	Hod		☿	Jesod		☽
49	Vehuel	♅	57	Nemamiah	♅	65	Damabiah	♅
50	Daniel	♄	58	Yeialel	♄	66	Manakel	♄
51	Hahasiah	♃	59	Harahel	♃	67	Ayael	♃
52	Imamiah	♂	60	Mitzrael	♂	68	Habuhiah	♂
53	Nanael	☉	61	Umabel	☉	69	Rahael	☉
54	Nithael	♀	62	Iah-Hjel	♀	70	Yabamiah	♀
55	Mebahiah	☿	63	Anauel	☿	71	Haiael	☿
56	Poyel	☽	64	Mehiel	☽	72	Mumiah	☽

Index

Hier finden Sie die Seiten für die Gebete, die den Krankheiten, Arten des Unwohlseins, Schwächen, Unfällen und Körperteilen zugeordnet sind.

Verlag Hermann Bauer · Freiburg im Breisgau

Silvia Wallimann

Mit Engeln beten

345 Seiten mit 2 Farbtafeln und 2 Zeichn.,
gebunden, ISBN 3-7626-0542-2

Auch in diesem Buch übermittelt die Autorin faszinierende Botschaften aus Wirklichkeitsbereichen, die nur besonders sensitiven Menschen zugänglich sind. Wiederum sind die eigentlichen Buchautoren Intelligenzen aus hohen Bewußtseinsebenen, die noch weitergehend als bisher überweltliche geistige Gesetze enthüllen und der bedrohten Menschheit Hilfe anbieten.
Von diesen Intelligenzen stammt auch die große Zahl von Gebeten und Aufrufen, die in diesem Buch zusammengestellt sind.

Trudi Thali

Die Offenbarung des Johannes

192 Seiten mit 6 Abbildungen, kartoniert
ISBN 3-7626-0571-8

Keiner Epoche entsprechen die apokalyptischen Prophezeihungen des Johannes mehr als der Situation des Menschen im ausgehenden Jahrtausend. In meditativer Versenkung hat die Autorin erkannt, daß es sich bei dieser Endzeitbeschreibung auch um einen seelischen und spirituellen Einweihungsweg für den Einzelnen handelt. Sie zeigt anhand des Textes, daß nur der liebevolle Umgang mit uns selbst und der gesamten Schöpfung Heilung bewirken kann.

Verlag Hermann Bauer · Freiburg im Breisgau